LES MINEURS.

MÉLODRAME EN TROIS ACTES,

Par M. Francis.

Musique de M. FRANCASTEL.

Représenté pour la première fois, sur le théâtre du Cirque Olympique le 24 août 1835.

PERSONNAGES.	ACTEURS.	PERSONNAGES.	ACTEURS.
GUSTAVE VASA, sous le nom d'Éric.	MM. HENRI.	RACK, contre-maître.	PRADIER.
Le comte EDELBERG, gouverneur de la Dalécarlie.	JOSEPH.	Un officier du gouverneur.	AUGUSTE Z.
BURGMANN, mineur.	GAUTIER.	Un mineur.	
PETERSON, mineur.	PARENT.	MARIA, fille de Burgman.	Mº¹ CHARLES C.
PAUL HOVER, mineur.	STOKLEIT.	MARGUERITE, tante de Fritz.	DUMONT.
FRITZ, mineur.	GABRIEL.	HELENE.	LÉONTINE.
		Officiers, Soldats Mineurs.	

ACTE PREMIER.

Un site sauvage. Ça et là quelques cabanes. A droite de l'acteur la maison de Burgman. Au fond la route.

SCÈNE PREMIÈRE.

Au lever du rideau un orage éclate. Le tocsin sonne. Il fait à peine jour, et les portes et les fenêtres de toutes les cabanes s'ouvrent et se garnissent de monde.

PÉTERSON, *à une fenêtre.* Tu Dieu ! quell vacarme ?.. Qu'est-ce qui se passe donc là haut ?

FRITZ, *à une autre fenêtre.* Dis donc, cousin ? qu'est-ce qu'il y a donc ?

PÉTERSON. Dame ! ça ressemble assez à un orage.

UN AUTRE. Écoutez !.....

PÉTERSON. Un instant... Voilà un bruit tout à fait terrestre.... C'est le tocsin que j'entends.

TOUS. Le tocsin !!

PÉTERSON. C'est le tocsin du petit village de Morat.... Je reconnais ça....

FRITZ. Le tonnerre sera tombé sur l'église, en voilà un malheur... Mais comme je n'y peux rien je vas me recoucher.

PÉTERSON. Ce tocsin m'inquiète plus que le tonnerre.... Il est arrivé quelque chose à Morat.

FRITZ. Une si belle église qu'était couverte en chaume neuf.

AU DEHORS DES CRIS : Au secours !...

PÉTERSON. On crie là bas.... Oui.. du secours... un moment.... J'ai assez dormi et je descends.

FRITZ. Décidément... Y a quelque chose... Faut voir.... Je descends aussi.

(Péterson et Fritz quittent leurs fenêtres. Des paysans sortent de leurs cabanes, Burgmann sort aussi de sa maison, au moment où des paysans à demi-vêtus et tout éperdus entrent ou plutôt se précipitent sur la scène.)

SCÈNE II.

BURGMANN, PÉTERSON, FRITZ, PAYSANS, puis **PAUL.**

UN PAYSAN. Du secours... du secours!!

BURGMANN. Eh bien! mes enfans, qu'avez-vous?... que se passe-t-il?

LE PAYSAN. Ah! maître Burgmann... mes amis, quel malheur!.. nous sommes ruinés, tous....

BURGMANN. Le feu!!...

FRITZ. Oui, votre église qui flambe... je m'en doutais....

LE PAYSAN. Le torrent... le torrent déborde... surpris par l'inondation au milieu de la nuit, nous avons tout perdu...

CRI GÉNÉRAL. Ah!!

BURGMANN. Enfans... courons au secours de nos frères...

PAUL, *paraissant*. Arrêtez, maître.... tout secours serait inutile.... il ne reste plus du village de Morat que des décombres.... j'ai vu les affreux ravages de l'inondation.... une heure a suffi pour tout détruire.... nous ne pouvons maintenant que donner asile aux malheureux qui ne savent plus où reposer leurs têtes.

LE PAYSAN. Digne jeune homme, c'est lui qui le premier est venu à notre aide... il a failli périr vingt fois en voulant arracher au torrent les victimes qu'il entraînait.

PÉTERSON. C'est bien ça, Paul!... si je n'avais pas le sommeil si lourd, je t'aurais aidé... tu sais que Péterson ne manque jamais ces occasions-là.

PAUL. Le hasard a tout fait... j'avais été à la ville pour chercher les présens de noces que je dois offrir aujourd'hui à votre fille, maître, et c'est au retour que j'ai été témoin....

CRIS. Les voilà!.. les voilà!..

PAUL. Voilà nos pauvres voisins,... ils viennent en portant avec eux les tristes débris de ce qu'ils possédaient.

BURGMANN. Ces voisins deviennent nos frères, n'est-ce pas, mes amis?

TOUS. Oui... Oui...

SCÈNE III.

LES MÊMES, L'INCONNU, HÉLÈNE, PAYSANS.

On voit arriver alors une troupe de paysans portant sur leurs épaules des meubles, des matelas; des enfans chassent devant eux quelques bestiaux ou traînent des charettes. Ils sont à demi-vêtus et dans le plus grand désordre. Pendant qu'ils arrivent, Hélène sort d'une des maisons de la place.

HÉLÈNE. Ste.-Vierge! quel malheur!...

BURGMANN. Mes bons voisins, il n'a pas dépendu de nous de détourner le coup qui vous a frappés, mais nous réparerons autant qu'il sera en notre pouvoir, la perte que vous venez de faire... vos parens, vos amis ont été la proie du torrent... nous chercherons avec vous leurs tristes restes... nous les accompagnerons avec vous à leur dernière demeure... Vos habitations ont été renversées... nous vous aiderons à les reconstruire, et jusques là vous devenez nos hôtes, nos frères... nous ne sommes pas riches; mais le plus pauvre de nous peut vous offrir pourtant un asile et du pain... allons, camarades, à chacun sa part dans cette bonne œuvre; moi, en ma qualité de maître-ouvrier dans les mines et du plus aisé de vous tous, je prends quatre de ces braves gens.

PÉTERSON. Moi, je ne suis qu'un ouvrier et j'en prends deux.

HÉLÈNE. Eh bien! et toi, Fritz?

FRITZ. Moi, je ne suis qu'un apprenti... je n'en prends pas.

HÉLÈNE. Mauvais cœur!.. eh bien! moi, qui ne suis qu'une pauvre fille et qui n'ai pour toute fortune que l'eau-de-vie que je vends aux mineurs, je prends un de ces petits orphelins...

PÉTERSON, *à deux vieux paysans*. Allons, père Muller, et vous, ma vieille mère, je vous adopte provisoirement pour mes parens, si ça vous va.

LE PAYSAN. Mon fils!...

PÉTERSON. Oh! votre fils a quelquefois une bien mauvaise tête, je vous en préviens; mais, en frappant là, voyez-vous, on est sûr de trouver du bon.

LES HABITANS. A moi, le père Valter, à moi!..

BURGMANN, *à un vieux prêtre*. Mon père, voulez-vous bien m'accepter pour votre hôte... notre digne pasteur est malade... souffrant... vous le remplacerez aujourd'hui... si votre âge et le malheur qui vient de vous atteindre vous en laissent encore la force, vous unirez ma fille Maria à Paul Hover, mon ami, et vous appellerez sur ces deux enfans les bénédictions du ciel.

LE PRÊTRE. Je le ferai, mon ami.

BURGMANN. Hélène, conduis le pasteur.

SCÈNE IV.

Les Mêmes, *hors le* PASTEUR *et* HÉLÈNE.

Le partage se fait, chaque habitant prend sous le bras son hôte en le faisant entrer dans sa cabane. Un jeune homme reste seul dans un coin, assis sur une pierre, la tête cachée dans ses deux mains. Burgmann le remarque et va à lui.

BURGMANN, *lui frappant sur l'épaule.* Eh bien! jeune homme, que fais-tu là?..

L'INCONNU. Rien!

BURGMANN. Comment, personne ne t'a pris?

L'INCONNU. Personne ne me connaît... je ne suis pas du pays... j'habitais depuis deux jours seulement le village de Morat, le vieil Hermann était mon hôte... le vieil Hermann a péri et je suis resté sans asyle.

BURGMANN, *lui montrant sa maison.* En voici un!.. Tu es jeune, tu parais vigoureux... Les ouvriers mineurs sont rares et bien payés, vû que le métier est un peu rude, si tu veux travailler, tu pourras être des nôtres.

L'INCONNU. Quoi sans me connaître...

BURGMANN. Tu nous diras qui tu es.

L'INCONNU. Et si j'étais forcé de garder le silence.

BURGMANN. Eh bien... tu es malheureux et, pour te secourir, je n'ai plus besoin d'en savoir davantage... voyons ça te va-t-il?

L'INCONNU. J'accepte.

BURGMANN. Alors, entre là (*il lui montre sa maison*), et asseois-toi sans crainte au foyer de ton nouvel hôte.

L'INCONNU. Oui, sans crainte, car je suis digne de votre hospitalité.

(Il entre chez Burgmann.)

SCÈNE V.

BURGMANN, PAUL, *puis* FRITZ, HÉLÈNE, PÉTERSON, PAYSANS.

BURGMANN, *à Paul en lui montrant l'inconnu qui sort.* Ce garçon est peut-être un partisan de ce Gustave-Vasa qui a tenté déjà de soulever la Dalécarlie contre le gouvernement Danois... Gustave est poursuivi... et ses amis sont obligés de se cacher... pauvres gens!

FRITZ. Là, voilà tous ces braves inondés qui savent où coucher la nuit prochaine... Allons nous nous sommes très bien conduits.

HÉLÈNE, *revenant.* Maître Burgmann, le bon pasteur repose.

PÉTERSON, *revenant.* Voilà mes père et mère provisoires assez joliment nichés. Décidément maître Burgmann c'est un triste voisinage que celui du torrent. Toutes les semaines le seigneur comte Edelberg gouverneur de ces provinces pour le roi Christiern y fait jeter deux ou trois pauvres diables jugés par son conseil de guerre qui pour ne pas se tromper condamne toujours... et voilà que le torrent ne se contente plus des patiens qu'on lui donnait, il déborde... il lui faut des villages à présent... Je trouve que dans la création, le père éternel aurait dû supprimer les torrens et les gouverneurs.

FRITZ. Tais-toi donc tu vas te compromettre.

PÉTERSON. Après ça j'ai tort peut être de juger les gouverneurs en général, par le nôtre en particulier, mais c'est que l'échantillon n'est pas séduisant; ce seigneur danois qui fait boire si lestement aux autres l'eau du torrent, ne boit jamais que du vin de France et du meilleur; et en si grande quantité que souvent la tête n'y est plus et qu'alors il se fait dans son château des orgies que le diable n'en voudrait pas être... on dit même... je me tais, vû que les oreilles d'Hélène sont là qui m'écoutent.

BURGMANN. De la prudence, mon brave Péterson, tu sais que les espions du gouverneur sont nombreux.

PÉTERSON. Oui... oui... l'espion est une mauvaise herbe qui pousse partout... et qui s'y frotte... suffit. On n'a plus besoin de moi ici, à tantôt. Dis donc Hélène je vais faire ce matin infidélité à ta cantine : le père Hébert a reçu un petit baril d'eau-de-vie de France que je veux comparer à la tienne; sans rancune, tu sais bien que je te reviens toujours. Au revoir Paul, pour une veille de noces tu t'es peut-être un peu trop fatigué cette nuit, mon garçon, enfin... Quand la cloche annoncera la cérémonie, je serai là, entends-tu? (*Frappant sur l'épaule de Fritz.*) Adieu sournois.

FRITZ, *à part.* Butor.

SCÈNE VI.

Les Mêmes, *hors* PÉTERSON.

HÉLÈNE. Eh ben Paul, vous êtes comme

moi ça vous attriste n'est-ce pas cette inondation? C'est que vraiment c'est comme qui dirait un mauvais présage. Voyez donc, juste le jour de votre mariage avec Maria.... Si ça allait vous porter malheur?

PAUL. Oh! ne dis pas cela, Hélène.

BURGMANN. Comment se fait-il que tout ce bruit n'ait pas fait sortir Maria de sa chambre.

FRITZ. Le fait est que la veille d'une noce les jeunes filles ont le sommeil plus tendre que ça.

PAUL. Maître si votre Maria était souffrante, malade...

HÉLÈNE. Si vous permettez père Burgmann j'vas voir.

BURGMANN. Oui, mon enfant, va.

Hélène entre dans la maison.

BURGMANN. Rentré des mines fort tard hier au soir, je n'ai pas embrassé Maria comme de coutume; je la croyais endormie.

HÉLÈNE, *à la fenêtre de la maison.* J'ai beau frapper à la porte on ne me répond pas.

BURGMANN. C'est étrange.

PAUL. Plus de doute... l'orage, les événemens de cette nuit auront effrayé Maria... elle est évanouie peut-être... il faut briser la porte.

(Il s'élance dans la maison et bientôt on entend la porte tomber.)

BURGMANN. O mon dieu... ma fille... ma chère Maria... courons... bien vite...

(Au moment où il va entrer Hélène reparait à la fenêtre en s'écriant : Personne, personne dans sa chambre.)

HÉLÈNE. Personne, personne dans sa chambre.

BURGMANN, *s'arrêtant immobile.* Personne!

PAUL, *revenant.* Mon père... mon père... Maria a disparu.

HÉLÈNE, *revenant.* Elle ne s'est pas couchée.

BURGMANN. O malheur... malheur! Maria, ma fille... mon unique enfant...

PAUL. Enlevée... enlevée! peut-être!

HÉLÈNE. Attendez... je me souviens maintenant qu'hier au soir en mécouchant j'ai entendu dans la rue comme des cris étouffés... c'était Maria peut-être qu'on emmenait de force.

PAUL. Maria enlevée! et par qui?..

BURGMANN. Paul, mon ami, pas de retard hâtons-nous... courons à sa recherche... nous la retrouverons, viens... hâtons-nous...

HÉLÈNE. Arrêtez... v'là Péterson... on dirait qu'il a des nouvelles.

SCÈNE VII.

PAUL, BURGMANN, PÉTERSON, HÉLÈNE, FRITZ

PÉTERSON. Oui, j'en apporte. Et de si extraordinaires que je ne me croirais pas moi-même si je me les racontais. Mais j'ai vu de mes yeux, vu.

PAUL. Quoi donc?

PÉTERSON. Maria...

BURGMANN. Ma fille...

PÉTERSON. Oui... elle a été retrouvée. (Continuant.) Hébert chez qui j'allais goûter l'eau-de-vie, tu sais Hélène... Hébert revenait de la ville au point du jour dans sa petite carriole... il dormait... tout-à-coup v'là son cheval qui s'arrête... ça réveille mon homme... y s'dit y a quelque chose d'extraordinaire... il descend bravement et qu'est-ce qu'y trouve devant son cheval, presque sous ses pieds?... Maria, votre fille, ta fiancée que vous aimez tant, que nous aimons tous.

TOUS. Maria.

PÉTERSON. Elle était étendue sur la route, roide et sans connaissance... puisqu'elle ne sentait ni le froid ni la pluie... Hébert n'en fait ni une ni deux... il la relève; et la met dans sa carriole. Arrivé chez lui il a voulu la faire revenir un peu avant que de vous l'amener... il en était là quand je suis entré.

BURGMANN ET PAUL. Ah! courons...

PÉTERSON. Tenez, tenez la voilà.. on vous la rapporte.... toujours dans le même état.

FRITZ. V'là un jour de noces qui commence mal.

SCÈNE VIII.

LES MÊMES, MARIA *portée par des paysans qui la déposent sur un banc. On l'entoure.*

UN PAYSAN. Oh! elle va mieux... ses mains ne sont plus froides... tenez..

HÉLÈNE. J'crois ben... elles brûlent.

FRITZ. Elle a peut-être la fièvre.

LE PAYSAN. Rassurez-vous maître Burgmann elle a ouvert les yeux... elle a parlé pendant qu'on la transportait.

PÉTERSON. Vraiment.

LE PAYSAN, *bas à Péterson.* Je veux pas

leur dire ça... mais la pauvre fille déraisonne.. elle nous a dit des choses....

PÉTERSON. Chut !

BURGMANN. Maria.. ma fille..

PAUL. Faudra-t-il que nous la voyons mourir dans nos bras.

BURGMANN. Mourir, elle, ma fille, oh ! Dieu ne le voudra pas, courez mes amis, courez à la ville.. ramenez un médecin.. tout ce que je possède est à lui s'il me rend ma fille.

Deux paysans sortent en courant.

HÉLÈNE. Ah ! elle nous regarde.

LE PAYSAN, *bas à Péterson.* Dieu sait si elle les reconnaîtra.

PAUL. Maria.. ne tremble pas ainsi tu es au milieu de ta famille.

MARIA. Oh !. défends moi.. ne les laisse pas entrer...

BURGMANN. Que penser !..

MARIA, *continuant.* Mon père.. mon père.. vous n'avez donc pas fermé la la porte.. ils sont dans la maison... ils montent..

PAUL. Quel délire !.

BURGMANN. Silence !.. ne perdons pas une de ses paroles.. c'est peut-être pour qu'elle nous révélât tout notre malheur que Dieu l'a privée de la raison. Silence !

TOUS *répètent à mi-voix.* Silence !

MARIA. Il y a quelqu'un sur l'escalier... ah ! mon père, sans doute... j'ai voulu l'attendre pour qu'il me donnât sa bénédiction... car, demain... je vais le quitter mon père... mon pauvre père qui me chérit... qui n'a que moi au monde, et qui me donne à Paul, à Paul que j'aime tant. Mon bon père... ah ! comme je vais l'embrasser !.. ah ! ce n'est pas lui !.. que me veulent ces hommes... au secours !.. mais je ne peux pas crier... ah !.. ah !.. ce mouchoir m'étouffe... ah !.. ces hommes...ils me couvrent de leurs manteaux... ils m'emportent... ah ! je n'y vois plus... l'air me manque... j'étouffe... je meurs.

BURGMANN. Horreur !

PAUL. Les infâmes !

BURGMANN, *avec une fureur concentrée.* Patience !.. elle nous les nommera sans doute.

PÉTERSON. Hum ! si j'avais été là !

HÉLÈNE. Tais-toi.

MARIA. Ah ! ils ont eu pitié de moi... ils m'ont abandonnée... je suis seule... je ne suis pas chez mon père... comme cette chambre est riche et belle !.. où m'a-t-on conduite ?.. fuyons... portes, fenêtres, tout est fermé... je n'ai pas la force de les briser... ciel ! je ne suis plus seule... Monsieur, qui que vous soyez... prenez pitié de la pauvre Maria... protégez-la... renvoyez-la à son père... à son père qui pleure et qui souffre aussi... Monsieur. Monsieur... laissez-moi... vous êtes riche, puissant... dites-vous. Eh bien ! soyez généreux... laissez-moi partir... ah !.. savez-vous que je me tuerai plutôt que d'être infâme... je ne m'appartiens plus... je suis à Paul... à Paul que j'aime... de la violence !.. ah ! je résisterai... on viendra à mon aide... n'avancez pas, Monsieur, n'avancez pas... Paul !.. mon père !.. venez... venez... sauvez... sauvez-moi donc... mon Dieu ! mon Dieu !.. donnez-moi de la force... personne... personne... et pas une arme. Ah ! la mort plutôt que le déshonneur... et je n'ai pas pu mourir !

PAUL. Mais le nom... le nom de l'infâme...

MARIA. La route... oui, je suis sur la route... ils m'ont laissée libre enfin, les lâches... mais j'irai jusqu'à mon père... j'irai et je lui dirai tout... à Paul aussi... et tous deux crieront vengeance ! vengeance !

PAUL *et* BURGMANN. Oh ! oui.

MARIA, *les reconnaissant.* Ah !.. vous voilà ! oui, oui, je vous reconnais... c'est vous, c'est bien vous... mais, pourquoi me regarder ainsi... pourquoi cette pâleur sur votre front... cette colère dans vos yeux... est-ce que j'ai parlé... est-ce que je vous ai dit leur crime et ma honte... oh ! oui, j'ai parlé... oh ! mon père... mon père et toi, Paul, ne me maudissez pas !

PAUL. Le nom, le nom du lâche... dis-le nous, dis-le nous donc ?

MARIA. Son nom !.. je ne le sais pas. Pourtant je le reconnaîtrai cet homme, car sa figure est restée gravée là... Paul, plus de bonheur... plus de mariage...

(*Elle tombe dans les bras de son père qui l'emmène avec l'aide d'Hélène.*)

SCÈNE IX.

PAUL, PÉTERSON, FRITZ, *puis* BURGMANN.

PAUL. Déshonorée... déshonorée ! les misérables ! et je n'étais pas là pour la défendre... je la vengerai du moins.

BURGMANN, *sortant de chez lui, son chapeau sur la tête et son bâton ferré à la main.* Paul, ce soin-là me regarde. Maria ne t'appartenait pas encore... c'était mon bien... c'est à moi à leur en demander compte.

PÉTERSON. Où allez-vous, maître ?
BURGMANN. A la ville, au palais du gouverneur.
PÉTERSON. Y pensez-vous ... le comte Edelberg est Danois ... c'est notre ennemi à nous autres Dalécarliens.
BURGMANN. Il est homme, il m'entendra.
PÉTERSON. Mais qui accuserez-vous ?
BURGMANN. Tous ces seigneurs insolens qui l'entourent. C'est au milieu d'eux qu'il faut chercher l'infâme qui nous a déshonorés... je dirai au gouverneur tout ce qui s'est passé dans cette horrible nuit, alors ses espions découvriront peut-être les misérables qui ont été les instrumens du crime...
PAUL, *à Burgmann*. Vous accompagnerai-je, maître ?
BURGMANN. Non, reste ... ne quitte pas Maria ... si le hasard amenait ici le coupable ... il faut qu'il trouve un de nous deux.
PÉTERSON. J'y serai au besoin, moi... par St.-Jacques, mon patron, je me jeterais volontiers, la tête la première, du haut de notre clocher, si j'étais certain de tomber juste sur le scélérat.
FRITZ. Voilà une idée qui ne me serait jamais venue, par exemple.
BURGMANN. Adieu ! Paul. Pour arriver plutôt, je prendrai les chemins de traverse.
FRITZ. Ils sont bien mauvais.
BURGMANN. Adieu ! mon ami. Je vais demander justice à nos tyrans ... s'ils me la refusent ... nous nous la ferons...
(Burgmann sort.)

SCÈNE X.

Les Mêmes, *hors* BURGMANN.

PÉTERSON, *montrant Paul, qui, après avoir accompagné Burgmann, s'est appuyé contre une des habitations de gauche*. Pauvre garçon !
FRITZ. Moi qui croyais tant m'amuser à cette noce, décidément on ne peut plus compter sur rien. Pour me consoler un peu, je vais faire un tour à la cantine d'Hélène. (*Il sort.*)
PÉTERSON. Fritz a raison ... il ne peut plus être question de mariage, et vrai, j'en suis fâché ... ils s'aimaient de si bon cœur ... on aurait dit qu'ils avaient été faits l'un pour l'autre. Si tu m'en crois, Paul, tu iras pendant quelque temps travailler loin d'ici ... quant à Maria ... ah ! dam !.. la pauvre enfant, je ne sais pas trop ce qu'elle deviendra.
PAUL, *qui s'est approché de Péterson, après un moment de silence*. Maria sera ma femme...
(Ici l'Inconnu paraît sur le seuil de la maison de Burgmann et s'y arrête.)

SCÈNE XI.

L'INCONNU, PAUL, PÉTERSON.

PAUL, *continuant*. D'où vient ta surprise ? à nous qui sommes du peuple que nous font les préjugés du grand monde. Pour avoir été la victime d'un lâche, Maria n'est-elle plus digne de mon amour et du respect de tous ? elle n'a pas pu mourir, la pauvre fille. Qui osera lui en faire un crime, Maria sera ma femme, te dis-je, et quand je la conduirai à l'autel, nul ne verra sa honte : car la honte s'efface avec du sang. Je n'espère rien de la démarche de Burgmann ... c'est à peine si on écoutera sa plainte ..., mais, comme lui, je pense que l'homme qui a flétri notre honneur habite la ville ... dès demain j'irai à la ville... Maria m'accompagnera ... avec elle je parcourerai les rues, les places publiques ... j'irai même aux audiences du gouverneur ... je me trouverai peut-être en présence de notre ennemi ... alors il ne pourra m'échapper, car je ne quitterai pas Maria des yeux ... si elle n'ose parler à défaut de sa voix, son trouble, son effroi me diront c'est lui ... le voilà ! et que cet homme soit pauvre ou riche, faible ou puissant, valet ou grand seigneur, le lendemain, Péterson, Maria sera femme.
L'INCONNU, *venant à Paul*. Paul, vous êtes un digne jeune homme. Votre cause est juste et belle. Dieu sera pour vous. Mais, croyez-moi, ne précipitez rien. Une vengeance tardive est souvent plus complète et plus sûre. Attendez.
PAUL. Attendre !
L'INCONNU. Maria a repris ses sens ... je l'ai interrogée ... d'après les renseignemens qu'elle a pu me donner, je ne doute pas que son ravisseur ne soit un des principaux officiers du comte Edelberg ... cet homme, retenu par une position brillante, ne quittera pas le pays ... je sais ce qu'il en coûte de différer et d'attendre : car, moi aussi, je garde dans le cœur haine et malédiction à nos oppresseurs, moi aussi,

j'ai juré de frapper et de punir, moi aussi, j'ai une terrible vengeance à exercer. Paul, ils ont déshonoré ta fiancée, ils ont assassiné mon père… crois-tu que ma fureur que je renferme et que j'étouffe n'éclatera pas un jour, terrible, impitoyable… ce jour viendra… Paul, aie confiance en moi… Si je retiens ton bras, c'est que le coup que tu veux frapper pourrait ne pas porter juste… et quand on touche son ennemi, vois-tu, il faut le tuer.
(Un coup de feu se fait entendre dans la coulisse.)
PÉTERSON. Qu'est-ce que c'est que ça?

SCÈNE XII.

LES MÊMES, FRITZ.

FRITZ, *accourant*. Ah! ah! en v'la, une nouvelle, quelle infamie; quelle atrocité.
PÉTERSON. Qu'est-il arrivé?
FRITZ. Devinez.. non au fait!.. vous ne pouvez pas deviner… un assassinat!
TOUS. Un assassinat!
PAUL. Comment! ce coup de feu que nous venons d'entendre;
FRITZ. A été tiré sur monseigneur le comte Edelberg, gouverneur de la province, il traversait le village tranquillement au grand trot pour aller voir comment se trouvait son cher torrent… j'étais là… la bouche ouverte et le bonnet en l'air, un homme qui était derrière moi me jette par terre, s'élance au milieu de l'escorte du gouverneur et tire sur lui un coup de pistolet à bout portant.
PAUL. Il l'a tué.
FRITZ. Non, il n'a touché que sa toque.
PÉTERSON. Et a-t-on pris l'assassin?
FRITZ. Tout de suite, il paraît que c'est un partisan de ce Gustave Vasa qui veut tout révolutionner.. on disait que c'était ce scélérat lui même en personne.. enfin, quel qu'il soit, son affaire ne sera pas longue.. les officiers qui accompagnaient son excellence lui font son procès sur la grande place.
PAUL. Le voilà ce gouverneur… La foule l'entoure.
FRITZ. De loin, car les soldats l'empêchent d'approcher de trop près.
PAUL. Il faut pourtant que j'arrive jusqu'à lui.
PÉTERSON. Que vas tu faire?
PAUL. Ce que Burgman ferait s'il était là.
PÉTERSON. Le moment n'est pas favorable.
FRITZ. Je ne lui parlerais pas pour un empire.

SCÈNE XIII.

LES MÊMES, LE GOUVERNEUR.

Il entre suivi d'une escorte assez nombreuse; la foule l'entoure.

LE GOUVERNEUR. Ecartez cette foule, il y a peut-être encore là un assassin — allez dire au conseil que je vais attendre ici qu'il ait rendu son arrêt. — Je veux qu'il soit fait prompte et dure justice. Point de grâce entendez-vous point de pitié pour ce misérable.
Il repousse lui-même les paysans.
Arrière donc! j'étais venu vous secourir, mais je punirai. Pour vous qui donnez asile et protection aux assassins je serai maintenant inexorable.
PAUL, *s'avançant*. Inexorable soit! mais juste et équitable n'est-ce pas monseigneur.
FRITZ, *à part*. Il lui parle.
LE GOUVERNEUR. Qui es-tu toi;
PAUL. Paul Hover, ouvrier dans les mines.
LE GOUVERNEUR. Que demandes tu?
PAUL. Justice.
LE GOUVERNEUR. Justice.
PAUL. Vous allez vous la faire à vous-même, vous ne pouvez me la refuser à moi; un homme a attenté à votre vie et cet homme va mourir; un homme a attenté à mon honneur et cet homme doit être puni.
LE GOUVERNEUR. Tu parles bien haut, jeune homme, n'oublies pas que tu es devant ton maître.
PAUL. Je suis devant mon juge et c'est parce qu'il est placé si haut que j'élève la voix.
LE GOUVERNEUR. Parle et sois bref, car je ne suis pas d'humeur à t'écouter longtemps.
PAUL. Monseigneur… sans parens, sans fortune, j'avais mis tout mon bonheur dans l'amour d'une jeune fille. — C'était un ange de candeur et de vertu… la jeune fille s'était donnée à moi, à moi pauvre et sans avenir… Aujourd'hui un prêtre devait nous unir. Mais cette nuit des hommes inconnus ont violé l'asile de ma fiancée, ils l'ont enlevée, conduite à la ville, livrée à la violence de celui qui les avait soldés pour accomplir cette œuvre infâme.

LE GOUVERNEUR *à part.* Que dit-il. (*Haut*) Et cette fille où est-elle ?

PAUL. Lâchement chassée par celui qui l'avait déshonorée, l'infortunée est revenue sous le toit paternel pour y mourir.

Faible, expirante, à son père, à son fiancé, elle n'a pu dire que vengeance, et depuis son père et son fiancé n'ont plus qu'un désir, qu'un but, vengeance !

LE GOUVERNEUR. Cette jeune fille a-t-elle dit le nom de son ravisseur ?..

PAUL. Non monseigneur. — Mais elle pourra le reconnaître. — Notre ennemi j'en suis sûr est un des riches et brillans officiers de votre cour. Car les gens du peuple comme nous défendent les femmes et ne les déshonorent pas.

LE GOUVERNEUR. Assez ! puisque tu ne sais pas le nom du ravisseur de ta fiancée je ne puis rien pour toi.

PAUL. Si fait, monseigneur, vous pouvez rassembler tous ces nobles officiers, et moi j'amènerai Maria au milieu d'eux, et Maria désignera le coupable à votre justice.

LE GOUVERNEUR. Nous verrons cela demain, fais-moi demander une audience... Tu me reparleras de cette affaire.

PAUL. Demain.

LE GOUVERNEUR. Assez...

SCÈNE XIV.

Les Mêmes, UN OFFICIER.

UN OFFICIER *entrant*. Monseigneur, il a été impossible d'arracher le moindre aveu à l'homme qu'on a arrêté. J'ai manqué mon coup... j'ai voulu tuer, tuez-moi, c'est juste... Nous n'avons pu obtenir d'autre réponse que celle-là.

LE GOUVERNEUR. Qu'a fait le conseil ?

L'OFFICIER. Le conseil a condamné.

LE GOUVERNEUR. Amenez-moi cet homme. Je l'interrogerai avant qu'il ne marche au supplice.

PÉTERSON *bas à Paul.* Paul, va chercher Maria sans rien dire au gouverneur. Son escorte est nombreuse et peut-être...

PAUL. Tu as raison, que Maria désigne seulement le coupable et si la justice du gouverneur nous fait défaut, je me chargerai du châtiment.

PÉTERSON. Et je t'aiderai en cas de besoin.

(*Paul entre chez Burgmann.*)

SCÈNE XV.

LE GOUVERNEUR, PÉTERSON, L'INCONNU, FRITZ, OFFICIERS, GARDES, PAYSANS.

L'OFFICIER *revenant*. Voilà le condamné.

LE GOUVERNEUR *au condamné*. Approche et réponds: qui a pu t'engager à tirer sur moi... Je ne te connais pas... Je n'ai pu te faire de mal à toi. Es-tu l'un des partisans de ce Gustave Vasa? Dans ce cas tu peux racheter ta vie. Dis-moi où tu as laissé ce rebelle... mets-nous sur ses traces et je te fais grâce.

(*Silence. l'inconnu s'est avancée de manière à échanger un regard avec le condamné. Tous deux restent en face l'un de l'autre, les bras croisés sans proférer une parole.*)

LE GOUVERNEUR. Si tu refuses de me répondre, songes y bien... dans quelques minutes tu auras cessé de vivre.

Le condamné fait un geste de mépris.

C'en est trop! Au torrent de Morat! allez!..

Les gardes entraînent le condamné; l'inconnu passe la main sur ses yeux comme pour essuyer une larme.

L'OFFICIER. Monseigneur votre escorte est prête.

LE GOUVERNEUR. Partons!

Au moment où il va partir Paul reparait.

SCÈNE XVI.

LE GOUVERNEUR, PÉTERSON, L'INCONNU, FRITZ, OFFICIERS, PAUL, *puis* MARIA, HELENE, GARDES, PAYSANS.

PAUL. Monseigneur... un moment... un moment encore!

LE GOUVERNEUR. Que veux-tu? A demain, je te l'ai dit.

PAUL. Oh! attendez, au nom du ciel, attendez.(*Courant à Maria.*)Maria, ton assassin doit être ici... regarde... et quel qu'il soit tu seras vengée.

Il prend la main de Maria et la pousse au milieu du théâtre; à la vue de Maria le gouverneur veut se détourner, Paul écrit qu'il veut partir et il court à lui.

PAUL. Ah! vous ne partirez pas maintenant.

MARIA, *apercevant seulement le gouverneur,* Ah!

PAUL, *se retournant.* Qu'as-tu donc?
MARIA. Ah! c'est lui.
PAUL. Lui! oh! parle... où donc est-il?
MARIA, *montrant le gouverneur.* Tiens Paul... le voilà!
TOUS. Lui!
PAUL. Tu ne te trompes pas... C'est lui, c'est bien lui, tu me le jures.
MARIA, *à demi évanouie.* Devant Dieu. (*et elle tombe dans les bras d'Hélène*).
LE GOUVERNEUR. Cette fille est folle... en route, messieurs.
PAUL, *lui barrant le passage.* Oh! tu ne partiras pas ainsi.
LE GOUVERNEUR. Malheureux! tu oses porter la main sur moi, gardes qu'on l'arrête et qu'il soit conduit dans les prisons de la ville.

PAUL. Arrêté!.. moi! par ton ordre. Voilà ta justice, comte Edelberg. Eh bien!.. Voilà, la mienne.

Il tire de sa ceinture un couteau et il s'élance sur le gouverneur pour l'en frapper, mais celui-ci détourne le coup et Paul est renversé par les gardes.

PÉTERSON. Paul! il est perdu!
L'INCONNU. On le sauvera.
PÉTERSON. Qui donc?
L'INCONNU. Moi!

Maria évanouie dans les bras d'Hélène n'a rien entendu; Paul renversé bâillonné ne peut parler; l'inconnu fait signe à Péerson de se taire et le gouverneur s'éloigne avec son escorte.

TABLEAU GÉNÉRAL.

ACTE DEUXIÈME.

Le théâtre représente l'intérieur d'une mine en exploitation. A droite et à gauche des terrasses auxquelles on monte avec des échelles. Au fond un escalier suspendu par des étais, il est de forme circulaire, au dessus une masse étagée par des piliers de loin en loin ayant leur point d'appui sur les marches de l'escalier. Dans le milieu du plafond au troisième plan environ est un trou servant d'ouverture à la mine et laissant passage à un mât perpendiculaire garni d'échelons pour descendre et monter à volonté, ainsi qu'au panier qui aide à faire le service de l'extérieur à l'intérieur.

SCÈNE PREMIÈRE.

HÉLÈNE, MINEURS, *puis* FRITZ.

Au lever du rideau, les mineurs sont groupés autour d'Hélène qui leur verse à boire.

HÉLÈNE. Allons, camarades, allons... c'est de la vieille et bonne eau-de-vie de vin; ça n'peut pas vous faire de mal, au contraire... tenez, le dernier coup à la santé du père Burgmann et au salut de Paul!

TOUS. Ça va.

HÉLÈNE. Depuis c'matin je ne pense qu'à cette famille là... quel événement hein! Burgmann est là haut auprès de sa fille dont le médecin désespérait presque hier au soir. Et ce pauvre Paul... Dieu sait le sort qui l'attend.... Peterson est allé à la ville pour le consoler.... vrai, tout ça me navre le cœur, allons, allons, faut que je me remette un peu.

Elle se verse à boire.

FRITZ, *descendant au mât et s'arrêtant au milieu.* Hé! dis donc Hélène.

HÉLÈNE, *levant la tête et apercevant Fritz.* Tiens! (*aux mineurs.*) Regardez donc Fritz.

FRITZ. Y a-t-il encore un peu d'eau-de-vie pour moi?..

TOUS. Oui, oui.

FRITZ, *qui est descendu.* Ouf!... je suis pas fâché d'être arrivé, la tête commençait à me tourner, et c'est pas étonnant vu que les hommes en général n'ont pas été créés pour se tenir sur des bâtons de perroquet.

HÉLÈNE, *en lui versant un verre d'eau-de-vie.* Ah! ça décidément c'est une idée fixe que tu as de venir toujours par ce chemin là...

FRITZ. Il n'est pas très commode, c'est vrai, mais je le trouve plus sûr que celui là bas. (*Il montre l'escalier du fond.*) Sur les échelons de ce mât, en y mettant les mains j'ai les pieds solides, tandis que sur ces marches de terre on est comme sur du sable mouvant, puis qu'un de ces piliers vienne à manquer... patatras cinq cents pieds de terre sur le dos.... et ça vous arrivera à vous autres, car ces piliers ne tiennent à rien... ça me fait frémir quand j'y pense... car enfin mon existence dépend d'un coup de pioche...

HÉLÈNE. Et c'est quelque chose de précieux que l'existence de M. Fritz.

FRITZ. Je n'ai rien qui me soit plus cher... et avant peu je ne serai plus obligé de venir m'enterrer ici pour vivre... C'est vrai, quand je me trouve au milieu de de vous je suis humilié d'être placé si bas sur l'échelle de la société et je veux changer d'état. Je veux me faire riche et me reposer, voilà un état qui convient à l'homme à la bonne heure ! Celui de mineur n'est bon que pour les taupes.

HÉLÈNE. Qu'est-ce que tu nous chantes là.

FRITZ, *lui montrant un papier.* Tu vois bien ce papier, eh bien! c'est un contrat de six mille écus d'or.

HÉLÈNE. Un contrat de six mille écus d'or!

FRITZ. Rien que ça.

HÉLÈNE. Et ce contrat est à toi?

FRITZ. Peut-être, v'là l'fait! vous avez tous entendu parler de ce Gustave Vasa.. de ce rebelle enragé qui veut tout renverser tout brûler pour le bonheur de la Suède et qui pour nous rendre libres veut nous faire tuer... c'est son idée.—Si bien tout à l'heure là haut dans le village, le gouverneur de la province a fait proclamer à son de trompe qu'il donnerait six mille écus d'or à celui qui arrêterait ou qui ferait arrêter ce gaillard là.

HÉLÈNE. Et tu as la prétention?...

FRITZ. De gagner les six mille écus d'or certes... le fugitif est, dit-on, caché dans nos montagnes... et Dieu sait si je les connais. A la vérité je n'ai jamais vu ce Gustave Vasa ce n'est pas une petite difficulté pour le trouver... mais j'ai son signalement sur ce papier qu'on a distribué gratis à qui en a voulu.

HÉLÈNE. Belle avance pour toi que ce chiffon de papier là... tu ne sais pas lire.

FRITZ. C'est ma foi vrai... j'avais pas pensé à ça. Eh bien, tiens, rends moi un service, t'as été à l'école toi, déchiffre moi ce griffonage... j'ai une mémoire excellente... je retiens tout ce que je veux... voyons, lis.

HÉLÈNE. Du tout, du tout ; adresse-toi à un autre. Fi donc! beau métier que tu vas faire là.... dénoncer un homme!

FRITZ. Tu dis des bêtises ; c'est un beau métier que celui qui rapporte six mille écus d'or... Après tout, il n'y a pas que toi qui sache lire dans le village.

HÉLÈNE, *à part.* Il a raison. (*Haut.*) Allons voyons... donne-moi ce papier.

FRITZ. Non, non.. ne te gênes pas; d'ailleurs je ne suis pas pressé.

HÉLÈNE, *lui arrachant le papier de la main.* Donne donc nigaud. (*à part.*) déroutons cet espion là.. c'en fera un de moins à la poursuite du pauvre proscrit.

FRITZ. Eh ben je t'attends.

HÉLÈNE, *lisant.* Fidèles Dalécarliens, au nom du roi Christiern votre maître, il est promis six mille écus d'or à celui qui arrêtera ou fera arrêter le nommé Gustave Vasa coupable de révolte et de haute trahison.

Signé, le comte EDELBERG, *gouverneur de la Dalécarlie.*

FRITZ. Mais c'est pas ça un signalement.

HÉLÈNE. Le voici.

FRITZ. Ah : je suis tout oreilles.

HÉLÈNE, *à part.* Si tu reconnais jamais l'original du portrait que je vas te faire, tu seras ben malin, va.

FRITZ. Hein ?

HÉLÈNE, *haut et lisant.* Le susdit Gustave Vasa est d'une taille (*Bas et à elle-même.*) moyenne.

FRITZ. J'entends pas.. plus haut! d'une taille?

HÉLÈNE. Enorme

FRITZ. Combien de pieds?

HÉLÈNE. Six pieds.

FRITZ. C'est donc un géant.

HÉLÈNE. Laisse moi donc continuer. Il a les cheveux noirs.

FRITZ. Les yeux?

HÉLÈNE. Gris perle.

FRITZ. Le nez?

HÉLÈNE. Camard.

FRITZ. La bouche?

HÉLÈNE. Petite.

FRITZ. Le menton?

HÉLÈNE. Pointu.

FRITZ. Le menton pointu?..

HÉLÈNE. Et le visage rond.

FRITZ. Ah! ça doit être un bien bel homme; mais dis donc s'il a le menton pointu il ne peut pas avoir le visage rond.

HÉLÈNE. C'est écrit en toutes lettres.

FRITZ. Vraiment, c'est que c'est une nouvelle bizarrerie de la nature. Faut ben le prendre comme ça cet homme.

HÉLÈNE. Tu te rappelleras bien tous ses traits.

FRITZ. Sois tranquille, ils sont gravés là et pour toujours. (*Il se frappe le front; et reprenant le papier des mains d'Hélène*) Maintenant Dieu veuille que je le rencontre le premier.

HÉLÈNE, *riant.* Malgré ça, prends garde... il a six pieds.

FRITZ. C'est bien un peu gênant ; mais on l'a peut-être flatté de quelques pouces. Enfin on verra.

HÉLÈNE. Et quand donc veux-tu commencer ton beau métier.

FRITZ. Je ne voulais d'abord me mettre en chasse qu'après ma journée, mais je réfléchis et je pense qu'on a distribué beaucoup de signalemens ; si j'attends à ce soir mon homme pourrait être pris ou loin... je m'en vas tout de suite.

HÉLÈNE. Mais Rack notre inspecteur ne t'accordera pas la permission de...—

FRITZ. Comme je n'aime pas les refus, je ne la demanderai pas ; adieu, si je gagne mes 6000 écus d'or je vous régalerai tous et je t'épouserai Hélène.

HÉLÈNE. (*ici la cloche se fait entendre*) Tiens voilà la cloche qui annonce la reprise des travaux.

FRITZ. Bon, je ne puis pas choisir un meilleur moment pour m'en aller.

HÉLÈNE. Par quel chemin ? tu vas rencontrer Rack.

FRITZ Je vas reprendre l'escalier des ours.

HÉLÈNE. Tu es pris, voilà l'inspecteur.

FRITZ. Occupe le, donne lui à boire, ou jette lui quelque chose dans les yeux.

TOUS. Le voilà.

FRITZ, *montant*. S'il regarde en l'air je suis perdu.

SCÈNE II.

LES MÊMES, RACK.

RACK. Allons, allons à la besogne! l'heure du repos est passée et d'abord l'appel des absens ; Paul, le pauvre diable ; nous pouvons le rayer... Burgmann.

FRITZ, *montant doucement*. Va toujours, va toujours.

RACK, *d'une voix forte*. Fritz.

FRITZ, *s'arrêtant et se cachant*. Aie.

RACK. L'avez-vous vu?

FRITZ, *à mi-voix à Hélène*. Offre-lui donc quelque chose ?

RACK. Voyons, me répondrez-vous? est-il absent ou présent ?

FRITZ. Ni l'un ni l'autre père Rack.

RACK. Qu'est-ce que tu fais donc là haut? Arrives-tu?

FRITZ. Dam, je crois plutôt que je m'en vas.

RACK. Comment sans ma permission...

FRITZ. Au contraire, je vous la demande et c'est pour que vous ne me la refusiez pas.

RACK. Ah! drôle!..

FRITZ. Voila les mauvais procédés qui commencent, je m'en vas.

RACK. Veux-tu descendre.

FRITZ. Ecoutez père Rack, il s'agit d'une affaire, je vas vous expliquer la chose. Si je pars j'espère gagner 6,000 écus d'or... Si je reste, en ma qualité d'apprenti, je suis sûr de ne rien gagner; dans ma position, qu'est-ce que vous feriez... Vous partiriez, hein, et comme vos exemples sont bons à suivre, je pars.

SCÈNE III.

LES MÊMES, *hors* FRITZ, *puis* L'INCONNU.

RACK. Voilà pourtant le fruit de la faiblesse de M. Markof pour les ouvriers, on méconnait mon autorité, mais il me laissera faire un exemple de cet insolent de Fritz ou je donne ma démission. — Allons à l'ouvrage vous autres.

HÉLÈNE, *aux mineurs montrant l'inconnu*. Dites donc, voilà le nouveau.

L'INCONNU *à part*. Péterson aura-t-il pu parvenir jusqu'à la prison de Paul?

RACK, *à l'inconnu*. Qu'est-ce que tu fais là, toi. — N'oublie pas ce que je t'ai dit en t'inscrivant sur le registre des mineurs ; du travail, beaucoup de travail, ou sans cela chassé.

ÉRIC. Je ne l'oublierai pas.

RACK. C'est ce que nous verrons. Ah ! ça, j'ai fait l'appel tout à l'heure. — Il me manque encore Péterson.

HÉLÈNE. Ne criez pas... tenez, le voilà.

ÉRIC, *appercevant Péterson qui descend un des escaliers, et à part*. Lui ! déjà de retour.

SCÈNE IV.

LES MÊMES, PÉTERSON.

PÉTERSON, *d'un air furieux*. Bonjour les amis, bonjour et bon courage.

RACK *à Péterson*. Ah! te voilà, toi..

PÉTERSON. Oui. J'ai eu fini mes affaires plutôt que je ne croyais.

ÉRIC, *à part*. N'aurait-il pas réussi !

RACK. Eh bien puisqu'il en est ainsi, je compte sur toi pour surveiller ces paresseux là... Allons, allons à l'ouvrage, Moi j'ai affaire chez M. Markof.

HÉLÈNE. Et moi je vais aller chez la pauvre Maria.

Rack à Hélène montrant l'escalier du fond à tous deux, ils disparaissent ; pendant ce temps les ouvriers se sont mis à la besogne.

SCÈNE V.

Les Mêmes, hors RACK et HÉLÈNE.

ÉRIC, *bas à Péterson.* Dis-moi, tu es revenu bien vite de la ville. Tu n'as donc pas pu t'acquitter du message dont je t'avais chargé.

PÉTERSON. J'ai fait ta commission.

ÉRIC. Tu as remis ma lettre et mon anneau?

PÉTERSON. Oui.

ÉRIC. Au concierge de la prison de Paul.

PÉTERSON. A lui même.

ÉRIC. C'est bien... Quel est ce bruit? *Il renverse un sablier qui se trouve à côté de lui sur un éclat de roc, et qui mesure la journée des ouvriers.*
On entend un son de cor à l'extérieur de la mine. On entend un second et un troisième son de cor toujours à l'extérieur de la mine.

PÉTERSON. Chut!

ÉRIC. Que nous annoncent ces trois sons de cor?

PÉTERSON. C'est le signal que donne le mineur de garde à l'ouverture de la mine, pour prévenir qu'un de nos parens descend dans le panier de service. Car je te l'ai dit tantôt, on ne laisse entrer par la grande grille que les hauts personnages ou les étrangers d'importance, quant à ces pauvres diables, ils sont obligés de venir nous trouver par le trou que tu vois là haut... Dans un mauvais panier au risque de se casser dix fois le cou en route.
— Et c'est à cause de ce danger là que le mineur de garde donne ce signal que tu viens d'entendre. Alors tous les camarades suspendent un instant leurs travaux et les yeux fixés sur le frêle osier qui porte l'un des leurs, ils s'apprêtent à donner aide et secours en cas d'évènement; tiens... regarde..... Vois les... Ils ne perdent pas de vue les mouvemens du panier.

On voit le panier descendre peu-à-peu; bientôt il touche terre et Burgmann en sort.

TOUS. Burgmann!

BURGMANN. Enfin me voilà! à moi! à moi mes braves mineurs.

PÉTERSON. Nous voilà maître, nous voilà, que se passe-t-il encore?

Tous les mineurs se groupent autour de Burgmann.

SCÈNE VI.

Les Mêmes, BURGMANN.

BURGMANN. Votre ami, votre frère, Paul est perdu.

PÉTERSON. Perdu!

BURGMANN. Ils l'ont condamné à mort.

ÉRIC, *a part.* J'en étais sûr.

BURGMANN. Mais nous pourrons le sauver.

PÉTERSON. Comment?

BURGMANN. En l'enlevant de vive force à ses bourreaux.

PÉTERSON. C'est difficile ça.

BURGMANN. Dans une heure seulement, Paul doit être conduit au lieu du supplice.

PÉTERSON. Au torrent de Morat.

BURGMANN. Eh bien! sans perdre une minute, sortons ensemble de cette mine. Chez moi nous trouverons des armes..... puis par différens chemins, nous gagnerons les gorges qui conduisent au torrent.. Nos ennemis sont sans défiance... un instant d'audace et Paul est à nous.

PÉTERSON. Ça me va, marchons.

UN MINEUR, *bas aux mineurs.* Ça ne me va pas à moi et je reste.

BURGMANN, *à Péterson.* Noble ami, je savais bien que tu serais le premier à répondre à mon appel.

PÉTERSON. Je suis toujours là quand il faut agir, moi; ainsi pas de paroles et des actions; camarades laissons là nos outils; nous devons en changer puisque nous changeons de besogne. *(Jetant sa pioche)* au torrent!

Les mineurs demeurent immobiles.

ÉRIC, *regardant les mineurs.* L'heure de l'énergie n'a pas encore sonné pour eux.

PÉTERSON. Eh bien vous restez là; vous ne criez pas avec moi au torrent?

UN MINEUR. Écoute donc, c'est une révolte ça, et on peut bien y regarder à deux fois.

BURGMANN, *aux mineurs.* Eh! quoi!. vous ne pensez donc pas à ce pauvre Paul.. voulez vous le laisser mourir.. oh! mais c'est impossible.

ÉRIC, *à part.* Je les avais bien jugés.

BURGMANN. Toujours le même silence; toujours vous restez immobiles; oh! malheur à moi qui comptais sur vous! que de fois pourtant vous m'aviez dit : maître dispose de nous car tu as été bon et généreux, quand la misère s'attachait à nous tu as secouru nos familles. Quand le travail manquait tu nous a donné du pain, tu es notre père à tous, à toi donc la vie de tes enfans, vous m'avez dit cela. Toi, Jean, lorsque j'ai payé le créancier qui allait saisir ta chaumière. (*à un autre*) toi, lorsque j'ai rebâti la cabane que le feu... j'ai sauvé ton enfant, ton enfant que le torrent emportait; eh bien c'est aussi un enfant à moi que je vous supplie de sauver! oh! mais c'est trop m'abaisser; ingrats ou lâches je ne vous prierai plus.. j'agirai seul.. grâce à Dieu l'heure fatale n'est pas près de sonner.. en reprenant ce chemin dangereux mais qui est le plus court j'arriverai assez tôt; voyons lâches au moins m'aiderez vous à sortir,

UN MINEUR. Mais que ferez vous tout seul?

PÉTERSON. Il ne sera pas seul car je l'accompagnerai.
Il donne la main à Burgmann qui la serre avec force.

ÉRIC, *s'avançant de Burgmann.* Arrêtez Burgman ce que tous ces hommes n'ont osé tenter; moi seul je l'aurai fait; Paul est sauvé.

BURGMANN. Que dis-tu?

ÉRIC. Au moment où je parle, la porte de sa prison s'ouvre, et il échappe à ses bourreaux.

UN MINEUR. Bah!

PÉTERSON. Ce garçon là n'est pas un homme comme un autre.

ÉRIC. Tu hésites à me croire, Burgmann. (*Montrant le sablier.*) Regarde: avant que le dernier grain de ce sable ne s'échappe et tombe, Paul sera au milieu de nous; il viendra à la faveur de la nuit par le chemin que tu as pris. Ainsi soyons tous attentifs... les trois sons de cor du mineur de garde nous annonceront l'arrivée de Paul.

UN MINEUR. C'est un sorcier.

BURGMANN, *à Eric.* Mais quel homme es tu donc?

ÉRIC. Il n'est pas temps de le dire; encore silence, on vient.

SCÈNE VII.

Les Mêmes, FRITZ, *qui descend rapidement au mât.*

TOUS, *regardant.* Fritz.

FRITZ. Oui, moi-même, je m'expose à toute la fureur de Rack, mais c'est égal j'ai voulu être le premier à vous annoncer la bonne nouvelle que j'apporte.

BURGMANN. Qu'y a-t-il?

FRITZ. Paul est sauvé.

TOUS. Sauvé!

PÉTERSON, *montrant Eric.* Il vous l'a...

BURGMANN. Oh! parle, parle.

FRITZ. Paul s'est échappé de sa prison, mais à peine était-il dehors qu'on a mis le geôlier dedans. Il parait qu'il avait aidé Paul, on a reconnu la chose et le pauvre diable a été arrêté.

ÉRIC. Arrêté...

FRITZ. Sa belle action pourra bien lui coûter cher, d'autant qu'on a trouvé sur lui quelque chose qui le compromet.

ÉRIC, *à part.* Si c'est mon anneau je suis perdu moi-même.

BURGMANN. Mais comment as-tu donc appris...

FRITZ. Voilà, j'étais sur le chemin qui conduit aux montagnes où j'allais à la piste de mes six mille écus d'or. En route je rencontre des soldats qui couraient aussi vite que moi, tout en courant nous avons causé, j'ai su par eux que Paul était poursuivi, cerné et qu'il ne pouvait manquer d'être pris, alors je me suis dit, Gustave Vasa sera peut-être bien assez bon pour m'attendre, avant tout je vas prévenir Burgmann et les amis de ce qui se passe.

PÉTERSON. C'est bien, mais que faire à présent, Paul est encore en danger.

BURGMANN, *à Eric.* Voyons, toi qui avait promis de me rendre mon fils, n'achèveras tu donc pas ton ouvrage.

ÉRIC. Je ne puis plus rien pour lui son sort est maintenant décidé!

BURGMANN. Ah! je lis sur ton front que tu n'espères plus, n'importe à tout hasard, sortons d'ici, viens Fritz, tu nous montreras la route que suivaient les soldats.

PÉTERSON, *et les mineurs.* Allons.

(*On entend un son de cor, tout le monde s'arrête.*)

ÉRIC. Ah! écoutez. (*Un second son du cor.*) C'est lui il a pu leur échapper.

BURGMANN, *embrassant Eric.* Tu l'as sauvé... oh! merci, merci.

(*Troisième son de cor.*)

PÉTERSON. J'aperçois le panier de transport... il a déjà traversé les deux premiers étages de la mine... voilà notre ami, c'est le ciel qui nous le rend; et cette fois nous ne le laisserons pas reprendre.

TOUS. Non, non.

BURGMANN. Oh! quand je le presserai là sur mon cœur, j'oublierai tout ce que j'ai souffert.

(Le panier descend, tous l'entourent, on aperçoit Paul étendu.)

TOUS. C'est bien lui, c'est Paul...

SCÈNE VIII.

Les Mêmes, PAUL.

BURGMANN. Paul, mon ami...
FRITZ. Tiens... il ne répond pas.
ÉRIC. Du sang..... il a du sang sur ses habits.
TOUS. Du sang.
BURGMANN. Il est blessé, évanoui, ah! du secours... de l'eau, vite de l'eau.

(En ouvrant la veste de Paul, un papier s'en échappe.)

FRITZ. Un papier.
ÉRIC. Donne.
BURGMANN. Ses mains sont glacées.
ÉRIC, *après avoir lu.* Ah!
TOUS. Qu'est-ce donc?
ÉRIC. Les infâmes... ils l'ont tué.
TOUS. Tué.
BURGMANN. Que dis-tu?
ÉRIC. Mes pressentiments ne m'avaient pas trompé....... pleure Burgmann, pleure ton fils, car c'est son cadavre te renvoient.
BURGMANN. Paul, mon ami... Ils l'on assassiné.
TOUS. Vengeance!.. vengeance!
BURGMANN, *se relevant.* Ah! vous êtes hommes enfin... oui ce sang qui coule demande du sang.
UN MINEUR. Maître, pardonne-nous notre hésitation; maintenant, parle nous sommes prêts. Il faut que nous ayons notre justice aussi.
ÉRIC. Ils s'éveillent enfin.
PÉTERSON. Ah! je vous retrouve!
BURGMANN. Il faut sortir des mines, courir aux armes, nous dirons partout le nouveau crime de notre tyran, et nous verrons grossir nos rangs; alors nous marcherons sur la ville, nous marcherons portant sur nos épaules le corps de notre ami, de notre frère... nous nous rendrons au palais du gouverneur.
ÉRIC. Insensés! vous serez tués avant d'arriver; nul ne sera des vôtres, car un cadavre n'est pas un drapeau qu'on salue et qu'on suive quel cri de ralliement sera le vôtre ; vengeance! ce cri ne trouvera pas d'écho; amis! vous avez force et courage mais il vous manque oreque.
PÉTERSON. Quoi donc?

ÉRIC. Un chef dont le nom fasse des soldats et soulève les masses, un chef capable de tout renverser mais capable aussi de tout relever, un chef qui paye les services rendus, un chef enfin dont on puisse faire un roi ; alors vous aurez pour vous les mécontens, tous les ambitieux, alors vous pourrez combattre car vous pourrez vaincre ; quand on s'attaque à un gouvernement ce n'est pas une émeute qu'il faut faire, c'est une révolution.
BURGMANN. Ce chef où le trouver? quel sera-t-il ?
PÉTERSON ET UN MINEUR. Gustave Vasa.
BURGMANN. Mais il est proscrit.... loin nous peut-être.
ÉRIC. S'il se présentait ?
BURGMANN. S'il était là je lui dirais, tu veux un trône, nous une vengeance, eh bien marche avec nous, commande et nous obéirons, combats et nous te ferons un rempart de nos corps, nous nous ferons tuer pour toi s'il le faut, nous servirons de degrés à ton élévation; à toi le trône de Suède, à nous la tête d'Edelberg.
GUSTAVE. Eh bien j'accepte ce pacte.
BURGMANN. Toi!
TOUS. Lui!
GUSTAVE. Oui, moi, Gustave Vasa.
TOUS. Gustave Vasa.
GUSTAVE. Qui veux une vengeance aussi! Édelberg a tué Paul, Christiern a tué mon père.
FRITZ. Gustave! et moi qui le cherchais dans les montagnes.
GUSTAVE. J'avais voulu sauver cet infortuné, mon anneau remis au geôlier qui m'est dévoué avait ouvert les portes de sa prison, cet anneau tombé au pouvoir de mes ennemis leur a révélé ma présence, et c'est à nos qu'était envoyé cet horrible message. Lisez—à Gustave Vasa le comte Édelberg.
FRITZ. C'est qu'il ne ressemble pas du tout à son signalement.
GUSTAVE. Poursuivi, j'étais venu chercher un asil, ici, attendant l'occasion de reprendre les armes; en vous je trouve des alliés, des soldats, qui me manquaient en moi, vous trouverez le chef qu'il vous faut, toujours à votre tête, je serai toujours au plus fort du danger, et je vous promets non pas de vaincre mais de mourir avec vous.
TOUS. Vive Gustave Vasa!
FRITZ. Vive Gustave Vasa! v'la six mille écus d'or de perdus.
BURGMANN. La parole que tu nou

donne aujourd'hui que tu es encore sans pouvoir, tu la tiendras si par nous tu arrives au trône. Prends-y garde Gustave, le parjure porte malheur aux rois.

GUSTAVE. Entre tes mains, Burgmann...

[...] nous protège.

SCENE IX.

Les Mêmes, *une voix au dehors.*

LA VOIX, *venant de l'ouverture de la mine.* Hé! les amis! garde à vous!
PÉTERSON. Qu'est-ce que c'est que ça?
BURGMANN. Silence!
LA VOIX. Gare sous le mât...
BURGMANN. Voilà qui est étrange.
PÉTERSON. Garons-nous toujours.
Tous s'éloignent du mât et une pierre tombe à leurs pieds.
FRITZ. Une pierre!
BURGMANN. Un papier y est attaché.
Il court ramener la pierre.
GUSTAVE. Que penser.
BURGMANN, *qui a ouvert la lettre.* Une lettre d'Hélène.
GUSTAVE. Lisez vite.
BURGMANN, *lisant.* « Cachez, sauvez Éric, il est découvert; des soldats entourent la mine et gardent tous les passages d'autres vont descendre dans l'intérieur, je vais essayer de me glisser jusqu'auprès du mineur de garde et s'il consent à vous jeter ma lettre vous pourrez peut-être trouver un moyen de soustraire Éric aux recherches. »
GUSTAVE. Plus d'espoir!
BURGMANN. Malédiction!
PÉTERSON. Pas d'instans à perdre... cachez-vous, monseigneur.. ici il y a de la ressource pour ça... et je sais plus d'une retraite où l'on ne vous surprendra pas.
FRITZ. Mais Rack connait tous les coins et racoins de la mine.
GUSTAVE. Et c'est lui sans doute qui sera chargé de guider les soldats commis à ma poursuite.
PÉTERSON. Alors que faire? quel parti prendre?
BURGMANN. Eh bien! défendons le ou mourons tous, s'il le faut, pour le sauver, nos outils nous serviront d'armes.
TOUS. Oui, oui.
PÉTERSON. En avant les pioches, les pelles, fer ou bois, tout peut servir quand on a du courage.
GUSTAVE. Arrêtez! mes amis, arrêtez! vos efforts seraient vains, nous succomberions [...] pour moi. Non, non, ce lieu ne doit pas être notre premier champ de bataille, ici la force ne peut rien, il nous faut employer la ruse.
BURGMANN. Mais le temps presse.
PÉTERSON. Et les bonnes idées ne poussent pas toujours à volonté.
GUSTAVE. Ah!.. je puis leur échapper.
BURGMANN. Comment!
GUSTAVE, *se tournant vers le cadavre de Paul.* A toi Paul que je n'ai pu sauver... à toi d'être mon libérateur.
Il ordonne par un geste à des mineurs de transporter le cadavre de Paul dans une excavation à gauche.
BURGMANN. Oh! je crois vous comprendre.
On entend un bruit de cloche.
PÉTERSON. Voilà la cloche qui réunit les mineurs des étages supérieurs... ils vous cherchent là-haut... ils vont descendre... hâtons-nous.
FRITZ. Les soldats sont dans la mine... car j'entends le bruit des armes, j'entends aussi la voix de Rack.
GUSTAVE. Le bruit se rapproche... à la lueur des torches je distingue les armures des soldats d'Edelberg.
BURGMANN, *qui a été conduire le corps de Paul et qui reparait.* Les voilà... venez, venez.
GUSTAVE. Allons... advienne que pourra.
Ils entrent dans l'excavation de gauche où les mineurs ont transporté Paul, et ils disparaissent.
FRITZ, *les regardant aller.* Qu'est-ce qu'ils vont faire? et qu'est-ce que tout ça va devenir? enfin c'est égal, je change d'état, de mineur que j'étais, je me fais rebelle... ça sera peut-être plus amusant.
Rack est descendu avec l'officier et un peloton de soldats; un autre peloton est resté échelonné sur l'escalier.

SCÈNE X.

FRITZ, RACK, Mineurs, l'Officier, les Soldats.

L'OFFICIER, *à Rack en lui indiquant l'escalier du fond.* Cet escalier est-il la seule issue qui conduise à l'extérieur de la mine?

RACK. Non; ce mât mène au-dehors. Mais les gardes qui sont là-haut nous répondent que par là toute fuite est impossible.

L'OFFICIER. N'importe; mettons-y toujours une sentinelle. (*Il fait un geste et un sous-officier place un soldat de faction auprès du mât.*) Maintenant voyez, l'homme que nous cherchons est-il au milieu de ces ouvriers.

RACK. Non, au bruit de notre approche il se sera caché, mais je vous promets de le trouver.

L'OFFICIER. Ces hommes pourront peut-être nous éviter de longues recherches. Mes amis, un traître, un rebelle, un ennemi du gouvernement, Gustave-Vasa enfin est dans ces mines, il s'y est présenté sous le nom d'Éric, à notre approche il a dû chercher une retraite sous ces voûtes, quelle qu'elle soit nous la découvrirons, mais celui d'entre vous qui consentira à nous conduire, recevra la récompense promise, 6,000 écus d'or.

FRITZ. 6,000 écus d'or... ô Gustave, tu me coûtes cher.

L'OFFICIER. Prenez garde, votre silence pourrait faire soupçonner votre fidélité et votre dévouement.

LE MINEUR. Nous ne savons rien, nous ne pouvons rien dire. Il n'y a ici que nos camarades.

L'OFFICIER, *à Rack*. Eh bien, Monsieur, guidez-nous... Soldats, soyez prêts à faire feu au premier signe de résistance; à la première tentative d'évasion; ne laissez enfin sortir personne sans ordre.

RACK. Tenez, capitaine, nous allons commencer par visiter cette voûte.

(*Il désigne celle où Gustave est entré*).

FRITZ, *à part*. Le vieux renard!

PÉTERSON. Excusez mon officier... mais les morts ne doivent pas être compris dans la consigne.

L'OFFICIER. Que veux-tu dire?

PÉTERSON. Un des nôtres, Paul exécuté par les ordres du gouverneur, nous a été envoyé par lui.

L'OFFICIER. Ah! oui je sais.

PÉTERSON. Une fois le jugement exécuté, Paul nous appartient et nous avons bien le droit de lui donner sa place au cimetière du village. Si vous avez besoin de garder les mineurs ses camarades vous laisserez bien sortir ses parents, Burgmann, moi, Fritz et Maurice.

L'OFFICIER. Vous connaissez ces hommes.

RACK. Sans doute.

L'OFFICIER. Eh bien! surveillez vous-même le départ de ces quatre hommes.

RACK. Oh! je vous réponds que votre Gustave ne sortira pas d'ici.

PÉTERSON, *à Burgmann à la cantonade.* Allons maître nous pouvons sortir, viens Fritz.

Burgmann, Péterson, Fritz, et un mineur reparaissent bientôt portant sur leurs épaules et recouvert d'un manteau le corps de Paul.

BURGMANN. Place, et passage.

RACK. Une minute... il faut que je voie le visage de Paul, on ne sait pas...

FRITZ, *à Péterson*. Diable.

L'OFFICIER. C'est inutile, je vais bien savoir si c'est réellement un cadavre qu'ils portent.

Il tire son épée.

BURGMANN. Qu'allez-vous faire?

L'OFFICIER. Arrière.

BURGMANN. C'est une profanation.

L'OFFICIER, *portant un coup d'épée*. Qui ne fera de mal à personne.

TOUS. Ah!

PÉTERSON, *bas*. Il n'a pas bougé.

L'OFFICIER. Allez, vous pouvez passer. (*Riant.*) Gustave n'est pas là-dessous.

Et les mineurs se dirigeant vers l'escalier de droite qu'ils commencent à gravir.

L'OFFICIER, *à ses soldats*. Qu'on fouille toutes ces voûtes.

Les soldats pénètrent sous les voûtes de droite et de gauche.

UN MINEUR. Une minute encore et il est sauvé.

Burgmann, Péterson, Fritz et Gustave toujours porté par eux, sont parvenus à la voûte supérieure et au pont qu'ils doivent traverser, la sentinelle placée là les arrête.

LA SENTINELLE. Halte-là.

PÉTERSON. Capitaine.

L'OFFICIER. Oui, oui, laisser passer, je sais ce que c'est.

DANS LA COULISSE. Trahison, trahison; capitaine, faites arrêter cet homme.

L'OFFICIER. Sentinelle ne laissez passer personne.

UN SOLDAT, *sortant de la voûte de droite*. Capitaine le corps du mineur Paul est encore là.

RACK. C'est impossible.

L'OFFICIER. On me trompait donc; soldats, feu sur ces hommes.

PÉTERSON. Capitaine, prenez garde; nous sommes ici sous la clé de la voûte, un coup de pioche donné par l'un de nous et ce pilier tombe, et 500 pieds de terre vous croulent sur la tête, si ça vous va ça ne sera pas long.

L'OFFICIER. Mensonge.

RACK. Du tout, ce qu'il dit est vrai; Péterson, rends-toi mon garçon.

GUSTAVE, *se relevant*. C'est à vous de

vous rendre ; je fais le sacrifice de ma vie; bas les armes ou nous mourons tous ici.

L'OFFICIER. Ecoutez-moi soldats... en joue!..

BURGMANN, *donnant un coup de pioche qui ébranle la voûte et qui fait tomber quelques pierres.* Capitaine, voilà notre réponse. Priez Dieu tous, car voilà notre dernière heure.

LES SOLDATS. Grâce, grâce! vive Gustave!

GUSTAVE. Bas les armes! bas les armes!

RACK. Il était temps.

PÉTERSON. A vous ces armes, mes braves mineurs, voilà notre première victoire.

Les mineurs s'emparent des armes des soldats, suissisent et renversent l'officier et crient tous Vive Gustave.

TABLEAU GÉNÉRAL.

ACTE TROISIÈME.

Le théâtre représente une place publique. A gauche du spectateur la maison de Marguerite. A droite l'entrée de la citadelle par un pont levis. Au milieu une fontaine en ruines.

SCÈNE PREMIÈRE.

Au lever du rideau la place se couvre de monde, quelques-uns montent sur les bornes, d'autres sur les débris de la fontaine; les habitans des maisons voisines sortent de chez eux ou se mettent à leurs fenêtres pour être témoins de ce qui se passe.

Un officier arrive sur la place escorté de quelques soldats et suivi de peuple.

Marguerite qui est sortie de chez elle avec Maria paraît étonnée à la vue de la foule qui encombre la place, et toutes deux elles restent attentives sur le seuil de leur porte.

L'OFFICIER, *lisant un papier qu'il tenait à la main.* La ville de Vestéras étant menacée par la troupe de rebelle Gustave Vasa, monseigneur le comte Edelberg gouverneur de la province a résolu de venir lui-même commander la garnison de la place.

Habitans et soldats, son excellence compte sur vous pour étouffer d'un seul coup la rebellion. Préparez vous donc à combattre.

Les cavaliers et quelques habitans répètent seulement ces vivat!

L'officier s'éloigne suivi de son escorte et de ceux qui ont fait chorus avec eux.

Les autres sortent en silence et d'un air triste.

SCÈNE II.

MARIA, MARGUERITE.

MARIA. Il va venir! lui! l'auteur de ma honte!. le bourreau de Paul... oh! ma bonne Marguerite, pourquoi ne m'avez vous pas laissé partir ce matin?. je serais déjà loin de ces lieux et je n'aurais pas à craindre de tomber au pouvoir de cet homme.

MARGUERITE. Et qui pourrait penser aussi que ce gouverneur quitterait tout exprès sa résidence pour venir ici nous saccager... après tout, rassure toi mon enfant, personne ne te connait à Vesteras.

MARIA. Mais il me connait lui... ses officiers aussi me connaissent.

MARGUERITE. Tu ne t'exposeras pas à leurs regards.. et enfermée chez moi, tu attendras la fin des événemens.. le parti de ce Gustave Vasa dont Burgmann est un des principaux chefs devient plus puissant chaque jour... c'est presqu'une armée maintenant que commande ton père; il a un parti dans la ville et demain peut-être on lui en ouvrira les portes.

MARIA. D'ici là je puis être découverte, arrêtée, car les ordres du comte Edelberg sont de s'emparer de moi à tout prix. Il espère, s'il me tenait en son pouvoir, se servir de la pauvre Maria comme d'un ôtage précieux; en tenant la mort suspendue sur ma tête il essairait d'intimider mon père, et de lui faire poser les armes. Alors il triompherait et Paul ne serait pas vengé... non... non... il faut que je parte... Marguerite.

MARGUERITE. Et où iras-tu... seule et sans appui.

MARIA. Hélène ne m'abandonnera pas. Lorsque mon père m'ordonna de me rendre chez vous, Hélène a voulu m'accompagner... elle n'hésitera pas, j'en suis sûre, à me suivre encore. Hélène et moi nous gagnerons le petit village de Sando. J'ai là des parens... ils sont pauvres et obscurs et l'on ne viendra pas me chercher sous leur misérable chaume.

MARGUERITE. Chère enfant! et ne pouvoir rien faire pour te sauver... on vient.

MARIA, *apercevant Hélène qui accourt venant de l'intérieur de la ville.* C'est Hélène!

SCÈNE III.

Les Mêmes, HÉLÈNE.

HÉLÈNE. En voilà une nouvelle... j'ai tant couru pour vous l'apprendre que dans la ville on a dû me prendre pour une folle... ma pauvre Maria... figurez-vous que...

MARIA. Nous savons tout... le comte Edelberg arrive, je pars... et tu viens avec moi?.. n'est-ce pas Hélène.

HÉLÈNE. Partout... mais comment sortir de la ville.

MARGUERITE. Comment?

HÉLÈNE. Ce vilain brutal de Danois ne s'est-il pas avisé de faire fermer toutes les portes... oui... défense de laisser sortir qui que ce soit à moins qu'on ne montre un laissez passer signé de lui.

MARIA. Il est donc ici déjà?

HÉLÈNE. Sans doute... les notables, les riches, les gros bonnets enfin, sont allés lui porter les clés de la ville sur un plat d'argent... ils le haranguent là-bas... mais dans un instant nous le verrons traverser cette place... il va s'installer dans la citadelle.

Elle montre le pont-levis de droite.

MARIA. Je suis perdue!

HÉLÈNE. Oh! un instant, je ne me désespère pas comme ça et le Danois ne me tient pas encore, j'espère bien le faire courir un peu... voyons, mère Marguerite, vous nous disiez l'autre jour que si Burgmann assiégeait cette ville, vous lui donneriez un moyen d'y entrer à la barbe de nos ennemis et sans tirer un seul coup de fusil, ta porte secrète, qui lui servirait à entrer, nous ira très bien pour sortir...

MARGUERITE. Ce chemin souterrain qui traverse une partie de la ville et conduit, en effet, au dehors, fut creusé... oh! dam! il y a longtemps et lors d'un siége fameux... dans ma jeunesse, on m'a fait voir la pierre du tombeau qui indique la sortie de ce souterrain, je m'en souviens parfaitement, et j'aurais pu la désigner à Burgmann, mais je n'ai jamais su dans quel endroit de la ville se trouvait l'entrée de ce chemin couvert.

HÉLÈNE. Nous voilà bien avancés!

MARIA. J'attendrai donc ici que Dieu ou mon père me sauve.

HÉLÈNE, *bas à Marguerite.* Elle ne doit plus guères alors compter que sur Dieu.

MARGUERITE. Que dis-tu?

HÉLÈNE. Il paraît qu'il y a eu une rencontre ce matin entre les mineurs et les troupes du gouvernement, nous n'avons pas été les plus forts, mère Marguerite...

MARGUERITE. Chut! ne lui disons rien de ça et prions Dieu de lui conserver son père.

MARIA. Ciel!

HÉLÈNE. C'est le gouverneur.

MARGUERITE. Rentrons vite.

MARIA. Il ne m'aura que morte en son pouvoir.

HÉLÈNE. Et dire pourtant qu'il ne faudrait qu'un gaillard bien déterminé pour ajuster ce scélérat-là... ah! si j'étais homme et si je n'avais pas peur des armes à feu!

Elles rentrent toutes trois dans la maison de Marguerite; dans le même moment le peuple courant en foule précédent et suivant le gouverneur.

SCÈNE IV.

LE GOUVERNEUR, OFFICIERS, SOLDATS, HABITANS.

LE GOUVERNEUR, *paraissant au milieu des notables de la ville et de son état-major.* Messieurs, je suis content de vous... je ne m'étais pas trompé... les habitants de cette ville sont des sujets fidèles et dévoués... amis, ne craignez rien des suites de cette révolte... nos ennemis déjà vaincus ce matin vont venir se briser contre vos murailles. (*A un officier.*) Amenez-moi les prisonniers qu'on a faits.

L'OFFICIER. Monseigneur, tous ces misérables se sont fait tuer plutôt que de se rendre. Un seul nous a remis volontairement ses armes.

LE GOUVERNEUR. Amenez-moi celui-là. (*L'officier sort. — A un autre officier.*) Capitaine, montez à cheval, prenez trente cavaliers avec vous, sortez par la porte de l'est et allez au devant d'un convoi de vivres qui a dû être dirigé sur cette ville. (*L'officier sort. — A ceux qui l'entourent.*) Je suis inquiet de ce convoi, on a vu dit-on rôder des bandes d'insurgés sur la route qu'il devait suivre et je sais que les magasins de cette ville sont dégarnis.. j'attends un courrier du général Miller aussitôt qu'il arrivera amenez-le moi, allez.

L'officier sort.

SCÈNE V.

LE GOUVERNEUR, OFFICIERS, SOLDATS, FRITZ.

LE PREMIER OFFICIER, *annonçant Fritz.* Monseigneur, voilà le prisonnier.

LE GOUVERNEUR, *à Fritz.* Approche, tu sais le sort qui t'est réservé.

FRITZ. Je ne m'en doute pas du tout, monseigneur.

LE GOUVERNEUR. Tu seras traité suivant les lois de la guerre.

FRITZ. Ah!... je ne connais pas beaucoup les lois de la guerre; ça vient du peu d'habitude que j'en ai... cependant je devine qu'il ne m'arrivera rien de bon, et pourtant je suis innocent comme le fusil qu'on m'avait mis entre les mains et que j'ai offert à vos soldats à la première occasion, ils sont là pour vous dire que je n'ai pas fait la plus petite résistance.

LE GOUVERNEUR. C'est un poltron, mais tu t'es battu contre nous.

FRITZ. Battu... d'intention... d'intention seulement et j'avoue que j'ai eu tort car enfin qu'est-ce que ça me faisait à moi pauvre diable de travailler sous le règne de Christierne ou de Gustave Vasa; quand l'un des deux aura triomphé je serai toujours Fritz le mineur si je ne suis pas Fritz l'estropié.

LE GOUVERNEUR, *riant.* Ou Fritz le pendu.

FRITZ. Pendu?...

LE GOUVERNEUR. Sans doute, car tu n'auras pas même l'honneur d'être fusillé.

FRITZ. Je tiens encore très peu à cet honneur là, je ne tiens qu'à la vie que le ciel m'a donnée et qu'en bon chrétien je dois conserver le plus longtemps possible.

HÉLÈNE, *paraissant sur le seuil de la porte de Marguerite et parlant à Maria qu'on ne voit pas.* Pour Dieu ne vous montrez pas, ce n'est que Fritz qu'ils ont pris et qu'ils vont pendre à ce qu'il paraît.

LE GOUVERNEUR, *à Fritz.* Approche donc encore; je t'ai déjà vu quelque part.

FRITZ. Je ne crois pas, monseigneur.

LE GOUVERNEUR. Tu étais sur la place du village de Morat, le jour où ce Paul Hover porta la main sur moi... n'es-tu pas parent de Burgmann.

FRITZ. Oh! parent très éloigné... nous sommes brouillés.

LE GOUVERNEUR. Tu connais sa fille.

FRITZ. Hum!...

LE GOUVERNEUR. J'ai besoin que tu la connaisses.

FRITZ. Ah!.. ça s'trouve bien je la connais parfaitement.

LE GOUVERNEUR. Je sais qu'elle est cachée dans cette ville, j'ai promis cent écus d'or à celui qui me la livrerait, mais personne ici ne peut aussi bien que toi la découvrir, si tu veux me l'amener je te donnerai la vie sauve et la liberté.

FRITZ. Moi! vous livrer la fille de Burgmann.

LE GOUVERNEUR. Ou bien être pendu, choisis.

FRITZ. Permettez, permettez... d'abord ce que vous me demandez là est très difficile... espionner! mais je n'ai pas fait les études nécessaires pour être mouch...

LE GOUVERNEUR. Emmenez ce drôle et qu'on le pende.

FRITZ. Un moment! monseigneur! que diable on ne pend pas un homme comme ça, j'appelle de ce jugement là, j'en appelle.

LE GOUVERNEUR, *riant.* A qui donc?

FRITZ. Je ne sais pas mais c'est égal j'en appelle, et puis on laisse le temps de la réflexion. Quand on propose un état à un homme un état comme celui que vous voulez que je prenne.. il faut savoir si la vocation y est... je demande une demie minute pour me consulter.

LE GOUVERNEUR. Soit? — (*Il se retourne vers un groupe d'officiers.*)

HÉLÈNE, *à part.* Est-ce que le scélérat consentirait.

FRITZ, *à part.* Voyons Fritz, mon ami, seras-tu pendu, seras-tu mouchard; le choix n'est pas gracieux, pendu on n'en revient pas, mouchard on n'en meurt pas. Et puis quand on ne l'est pas par goût.. d'ailleurs au lieu de chercher Maria, je chercherai une porte pour sortir.

LE GOUVERNEUR, *à Fritz.* Eh bien?

FRITZ. Eh bien, monseigneur, j'accepte.

HÉLÈNE, *rentrant.* Oh! le monstre!

FRITZ, *continuant*, Mais comme je ne connais pas bien la ville, il me faudra un peu de temps.

LE GOUVERNEUR. Je t'accorde une heure.

FRITZ. Que ça.

LE GOUVERNEUR. Dans une heure tu

m'amèneras la fille de Burgmann ou tu seras pendu.

UN OFFICIER, *entrant.* L'envoyé du général Millern.

LE GOUVERNEUR. Ah ! *A l'envoyé qui lui présente une dépêche*) donnez (*Il lit rapidement*) très bien. (*à ses officiers.*) Messieurs; demain nous tiendrons Gustave et ses partisans à notre discrétion.

Millern m'envoie les renforts que j'ai demandés ; il coupe toute retraite aux insurgés. Nous attaquerons cette nuit et la victoire nous est assurée. Elle coûtera cher à nos ennemis car tous ceux qui ont pris les armes seront passés par les armes ; venez messieurs, je vais vous donner une instruction pour l'attaque de cette nuit. à (*Fritz.*) Toi, dans une heure.
Il entre dans la citadelle suivi de ses officiers, le peuple s'éloigne en silence.

SCÈNE VI.

FRITZ. Une heure ; une heure à vivre ; pas davantage.. il y aurait de quoi dégouter de l'existence, si on n'y tenait pas tant ; voyons.. que faire. Que devenir.. si je me sauvais.. bah.. toutes les portes sont fermées ; si je me cachais.. on me découvrirait toujours ; si par hazard je trouvais Maria.. oh ! je me tuerais moi-même plutôt que.... le meilleur parti à prendre.. est de me fourrer dans un trou si noir, si petit.. qu'on ne puisse m'y venir chercher ; voyons où vais-je.. d'abord, où suis-je ?. devant la citadelle.. ah ! St-Vierge ! je me le rappelle à présent devant la maison de ma tante Marguerite ; oh ! ma bonne vieille grand tante ! vous aurez bien une huche, un four, un trou de souris à m'offrir ; il ne m'en faut pas davantage ; je suis sauvé ; assurons nous que personne ne peut me voir entrer
Il remonte la scène.

SCÈNE VII.

MARGUERITE, HÉLÈNE, MARIA, FRITZ, *au fond.*

HÉLÈNE, *voulant retenir Maria.* A-t-on jamais vu ?.. avoir des idées comme ça...

MARGUERITE. Mon enfant... mon enfant, ne faites pas cela.

MARIA. Ne l'avez-vous pas entendu comme moi ; leur victoire est certaine ; et tout ce qui aura pris les armes sera passé par les armes. Mon père est perdu si j'hésite... je dois sauver mon père.

FRITZ, *au fond.* Ciel ! que vois-je ! Hélène, Maria..

MARIA. Oui, mon ami, c'est moi.

FRITZ. Vous ici ! cachez-vous... cachez-vous, je ne vous ai pas vue... entendez-vous, je ne vous ai pas vue.

MARIA. Ecoute, Fritz... là tout-à-l'heure on t'a dit : livre la fille de Burgmann et tu auras la vie sauvé.

FRITZ. Oui.

MARIA. Eh bien ! me voilà... allons, viens Fritz, viens.

FRITZ. Où ça ?

MARIA. Chez le comte Edelberg.

FRITZ. Quoi faire ?

MARIA. Racheter ta vie...

FRITZ. Au prix de la vôtre... oh !..

HÉLÈNE. Bien Fritz.

FRITZ. Je tiens à l'existence, c'est vrai... j'y tiens énormément... mais plutôt que de faire une infamie comme celle que vous me proposez, j'aimerais mieux me pendre moi-même.

HÉLÈNE, *à Fritz.* Ah ! viens que je t'embrasse.

MARIA. Mon ami, il faut que tu fasses ce que je t'ai dit... il le faut, car il s'agit de sauver mon père, de sauver tous nos braves amis.

FRITZ. Quoi ! si je vous livrais à ce gouverneur...

MARIA. Lui et les siens seraient perdus.

FRITZ. Comment ça ?

MARIA. Sous cette ville il y a un chemin souterrain. Son entrée est au milieu du bois D'Yvrey... que mon père connaisse ce chemin et la ville est à lui...

FRITZ. Vraiment !

MARIA. Tu vas être libre, tu iras trouver mon père et tu lui indiqueras cette route. N'oublie rien de ce que je vais te dire. L'entrée du souterrain est fermée par la pierre d'un tombeau... on reconnaît cette pierre à une croix et une épée qui sont gravées dessus... n'est-ce pas, Marguerite, une croix et une épée.

MARGUERITE. Oui.

MARIA, *à Fritz.* Tu te rappelleras bien cela.

FRITZ. C'est pas ça qui m'embarrasse.

MARIA. Maintenant ne perdons pas de temps... conduis-moi chez le gouverneur.

FRITZ. Tiens... je l'entends... le voilà !

MARGUERITE *et* HÉLÈNE. Maria réfléchissez.

MARIA. Oh ! je serais indigne de l'amour de mon père si j'hésitais... allons, Fritz...

Elle lui donne la main.
FRITZ. Faites attention, si je tremble si fort... c'est que je crois que je n'ai pas trois gouttes de sang dans les veines.

SCÈNE VIII.

LES MÊMES, LE GOUVERNEUR, OFFICIERS.

LE GOUVERNEUR. Ce convoi tarde bien... aurait-il été attaqué par les rebelles... serait-il tombé en leur pouvoir. (*A ses officiers.*) Nous, Messieurs, allons faire une reconnaissance au dehors. (*Apercevant Fritz.*) Ah! te voilà! l'heure doit être écoulée.
FRITZ. A peu près, Monseigneur.
LE GOUVERNEUR. Eh bien!
MARIA. Vous devez la vie sauve et la liberté à cet homme : car vous lui avez demandé la fille de Burgmann et me voilà!
LE GOUVERNEUR. Maria!
MARIA. Oui, comte Edelberg, cette Maria que tu cherchais, que tu voulais pour otage, elle est devant toi.
LE GOUVERNEUR, *à part.* C'est bien elle!
MARIA. Cachée dans cette ville, je pouvais peut-être t'échapper; mais j'ai appris que cet infortuné devait mourir ou me livrer. J'ai voulu le sauver... allons, comte Edelberg, dispose de moi : est-ce une prison ou un échafaud qui m'attend?
LE GOUVERNEUR. J'admire ton courage, jeune fille.
MARIA, *avec énergie.* Seras-tu mon geôlier ou mon bourreau?
LE GOUVERNEUR. Maria, vous serez traitée mieux que vous ne le pensez... on aura pour vous tous les soins, tous les égards que vous méritez... votre captivité sera douce et de courte durée peut-être. (*A part.*) Mais il importe que Burgmann sache que je la tiens en mon pouvoir. (*Haut.*) Ecoutez moi, Maria, la lutte engagée est inégale pour les mineurs, ils succomberont! oui, quelque soit leur courage, ils ne peuvent nous résister longtemps... votre père a de l'influence, de l'empire sur eux... qu'il les éclaire sur leur position... qu'il leur fasse comprendre qu'un seul moyen de salut leur reste : la soumission. Oui, Maria, que les mineurs mettent bas les armes et le passé sera oublié... pardon et amnistie pour tous... (*Lui présentant des tablettes.*) Tenez, Maria, écrivez cela à votre père... (*Montrant Fritz.*) Ce garçon portera votre message.

MARIA. Si j'écrivais à Burgmann, voilà les mots que je tracerais... Père, n'oublie pas que le comte Edelberg a déshonoré ta fille et assassiné Paul Hover, croyez-vous qu'après avoir lu ce message, il poserait les armes.
LE GOUVERNEUR. Tu me braves.
MARIA. Ah! c'est que l'heure de la vengeance approche et que ce n'est plus à moi de trembler.
LE GOUVERNEUR, *à ses officiers en montrant Maria.* Qu'on l'enferme dans le donjon de la citadelle.
HÉLÈNE. Ah! Maria...
MARGUERITE. Pauvre enfant!
MARIA, *à Hélène et Marguerite.* Adieu, Hélène, adieu, bonne Marguerite, du courage! mon père me sauvera à son tour. *Elle se se dirige vers la citadelle où elle entre suivie de deux officiers.*
FRITZ, *au gouverneur.* Monseigneur, je crois qu'à présent je puis m'en aller.
LE GOUVERNEUR. Non, tu as la vie sauve, mais tu ne sortiras pas de la ville.
FRITZ. Comment! mais, Monseigneur, vous m'aviez promis...
SECOND OFFICIER, *rentrant.* Monseigneur, le convoi que vous attendiez est arrivé.
LE GOUVERNEUR. Ah! c'est bien. Allons, Messieurs, à notre inspection... partons...
Ils sortent par la droite.

SCÈNE IX.

HÉLÈNE, MARGUERITE, FRITZ.

FRITZ. L'avez-vous entendu ce scélérat de gouverneur... j'ai la vie sauve... eh! qu'est-ce qu'il veut que j'en fasse.
HÉLÈNE. Ma pauvre Maria, son sacrifice n'aura servi à rien.
FRITZ. Eh bien! il ne sera pas dit qu'elle aura risqué sa vie et que moi, je n'aurai pas risqué la mienne. Mère Marguerite... Hélène... ne vous désespérez pas... je sortirai d'ici, je sauterai par dessus les remparts.
HÉLÈNE. Tu te tueras.
FRITZ. Non. Vous me soutiendrez avec une corde et nous allons la choisir solide... je descendrai dans les fossés... je grimpe comme un chat... je gagnerai les glacis et de là je courrerai, sans m'arrêter, jusqu'au camp de Gustave.
MARGUERITE. Mais les sentinelles tireront sur toi.
FRITZ. Toutes les balles ne portent pas.

Enfin, au petit bonheur! embrasse-moi, Hélène.

MARGUERITE. Et moi, mon garçon.

FRITZ. Et vous aussi, ma vieille tante. Je brave tout à présent. Je suis comme un lion... allez chercher la corde... m'attendez... on vient... ah! ce sont les soldats qui accompagnent le convoi de vivres qu'on attend depuis ce matin.

SCÈNE X.

LES MÊMES, L'OFFICIER, UN BRIGADIER, HUIT OU DIX SOLDATS, CONDUCTEURS DU CONVOI.

LE BRIGADIER, *entrant*. Dieu soit loué, mon officier... nous voilà dans la ville.

FRITZ. Hein! cette voix...

HÉLÈNE. J'ai cru aussi la reconnaître.

LE BRIGADIER. Mais où faut-il conduire ces voitures?

L'OFFICIER. Là, dans les magasins.

LE BRIGADIER. Suffit, mon officier.

HÉLÈNE, *à Fritz et Marguerite*. C'est lui... c'est Péterson!

LE BRIGADIER. Allons, camarades! et vous savez ce que nous avons à faire... dépêchons!

L'officier, le brigadier, les soldats et les conducteurs du convoi entrent dans les magasins.

SCÈNE XI.

MARGUERITE, FRITZ, HÉLÈNE.

FRITZ. Je n'en reviens pas... je tombe de mon haut...

HÉLÈNE. C'est Péterson.

MARGUERITE. Il nous aidera à sauver Maria.

FRITZ. Et comme ce n'est pas facile, un peu d'aide nous fera grand bien... mais, comment se trouve-t-il transformé en Danois?

MARGUERITE. Attends.... il revient... nous allons savoir...

FRITZ. Une idée...si je lui empruntais son costume pour m'en aller...

HÉLÈNE. Le voilà!

SCÈNE XII.

LES MÊMES, LE BRIGADIER, LES SOLDATS, LES CONDUCTEURS DU CONVOI, *puis* L'OFFICIER.

LE BRIGADIER, *sortant des magasins et à ceux qui l'accompagnent*. Victoire, mes amis, victoire, nous avons réussi sans éveiller le moindre soupçon. (*Apercevant Marguerite, Hélène et Fritz qu'il ne reconnaît pas d'abord.*) Mais chut! Soyons prudens.

HÉLÈNE, *s'avançant*. Ne crains rien, Péterson, nous sommes des amis.

PÉTERSON. Hélène.

MARGUERITE. Et ta tante Marguerite.

FRITZ. Et ton cousin Fritz.

PÉTERSON. Pardieu!' me voilà en pays de connaissance...vous ne vous attendiez pas à me voir...hein!.. et sous ce costume, en deux mots, voilà l'affaire... Gustave Vasa voulait savoir à quoi s'en tenir sur les moyens de défense de cette place. Je me suis offert pour ça avec ces gaillards-là. Nous nous étions dit en reviendra qui pourra... à moitié route nous devions nous séparer et prendre chacun des chemins différens pour pénétrer dans la ville n'importe comment, mais nous apprenons par hasard qu'un convoi de vivres est en route pour la même destination que nous... alors changement de manœuvres... nous marchons sur le convoi... nous l'attaquons, nous tuons tous ceux qui l'escortent et prenant la prace des défunts nous entrons ici tout droit et à la barbe de l'ennemi. Maintenant dites moi vite où je trouverai Maria, il faut que je la rassure, elle aura appris notre feinte déroute de ce matin, il faut quelle sache que c'était une ruse de guerre et que son père... ah! ça, pourquoi détournez-vous la tête?

HÉLÈNE. Maria!

PÉTERSON. Hé bien, voyons où est elle?

MARGUERITE. Hélas! la pauvre fille...

PÉTERSON. Eh! bien quoi donc?

HÉLÈNE. Elle est en prison.

PÉTERSON. En prison!

FRITZ. Là, dans la citadelle.

PÉTERSON. Maria au pouvoir du comte Edelberg. Elle est perdue, et que faire comment la délivrer.. ah!.

FRITZ. Il te vient une idée cousin.

PÉTERSON. En faisant attaquer la ville par les nôtres.. la garnison de la place courra aux remparts alors nous pourrons pénétrer jusqu'à Maria vite du feu.

FRITZ. Du feu! pourquoi faire.

PÉTERSON. Pour brûler une de ces maisons là.

FRITZ. Brûler une maison!

PÉTERSON. Un grand feu allumé est le signal convenu pour indiquer aux nôtres qu'ils peuvent donner l'assaut. Allons, le feu à une de ces maisons ; à celle-ci.

Il indique la maison de Marguerite

FRITZ. A celle-là?

PÉTERSON. Elle est sur une hauteur, les flammes se verront de plus loin.

FRITZ. Mais c'est la maison de notre tante Marguerite et nous en héritons, cousin, de not' tante Marguerite.

PÉTERSON. Au feu l'héritage.

MARGUERITE. Oui, oui... tu as raison, Péterson, pour sauver Maria je donne tout ce que je possède... Brûle, brule, je te le permets.

Le feu est mis de toutes parts à la maison qui brûle rapidement.

FRITZ. Est-elle patriote cette vieille femme là.

PÉTERSON. Maintenant mes amis, entrons dans la citadelle ; occupons toutes les avenues qui conduisent au donjon, où Maria est enfermée, et quand l'attaque commencera nous tomberons sur les sentinelle, les geôliers, nous tuerons tout. Marguerite.. Hélène je suivrai Maria ou vous ne me verrez plus.

Il rentre avec les siens dans la citadelle.

SCÈNE XIII.

HÉLÈNE, FRITZ, MARGUERITE.

HÉLÈNE. Brave Péterson.

FRITZ. Il est gentil ! il s'en va et il nous laisse là avec une maison qui brûle sur les bras.

Cris : au feu ! au feu !

FRITZ. Là ! quesque nous allons dire ?

Les habitans accourant. Au feu ! au feu !

FRITZ. Eh ! mon dieu, oui.. c'est la maison de ma tante ; tout mon héritage.. sauvez en le plus que vous pourrez. (*A part.*) Les autres en ont vu assez et s'il pouvait en rester quelque chose... (*Haut aux habitans qui éteignent l'incendie.*) C'est ça, travaillez ferme.. n'ayez pas peur..

L'OFFICIER. Comment ce feu a-t-il pris?

FRITZ, *à part.* Voilà. Il faut trouver quelque chose d'adroit. (*Haut.*) C'est ma tante, c'est ma bonne vieille grand'tante.. en voulant me faire cuire une galette.. elle a mis le feu à ses rideaux.. c'est la faute de son bon cœur et de son grand âge. (*A part.*) C'est fort ingénieux.

L'OFFICIER, *à part.* Cela me paraît suspect.

On entend au loin une fusillade et des cris ; l'ennemi ! l'ennemi ! aux remparts ! aux remparts.

L'OFFICIER. Plus de doute ; cet incendie est un signal que l'on donnait à nos ennemis.

LES SOLDATS. à mort ! à mort, l'espion !

FRITZ. Mais vous vous trompez.. c'est pas moi.. c'est ma bonne vieille grand'tante.

L'OFFICIER. On ne fusille pas les femmes, tu paieras pour elle.

FRITZ. Fusillé !

HÉLÈNE ET MARGUERITE. Mon pauvre Fritz.

FRITZ. Laissez moi tranquille ; je suis anéanti de colère.

L'OFFICIER. Attachez-le à ce poteau.

HÉLÈNE ET MARGUERITE. Grâce !

On attache Fritz à un poteau près de la fontaine

L'OFFICIER. Éloignez ces femmes.

On écarte Marguerite et Hélène, les soldats se mettent en ligne faisant face au poteau et à la fontaine.

FRITZ, *attaché.* Ah! je serai mort avant d'être fusillé.

L'OFFICIER. En joue !

A ce moment les pierres de la fontaine s'ébranlent tombent et Burgmann qui paraît s'élance devant Fritz et tire deux coups de pistolet sur l'officier en criant : feu.

BURGMANN. Feu !

L'officier tombe les mineurs entrent à la suite de Burgmann et après un combat très-court les soldats sont mis en fuite et Fritz délivré.

FRITZ. Merci ? je dois être blessé,

SCÈNE XIV.

BURGMANN, MINEURS, LE GOUVERNEUR, OFFICIERS, SOLDATS.

Le combat est sur le théâtre ; d'abord les mineurs ont le dessous, ils sont repoussés par les troupes du gouverneur secondées par un nouveau renfort à la tête duquel est le gouverneur en personne. Mais bientôt les mineurs reprennent l'avantage guidé par Gustave Vasa ; et le gouverneur et ses soldats sont obligés de chercher un refuge dans la citadelle.

SCÈNE XII.

GUSTAVE VASA, BURGMANN, MINEURS, OFFICIERS DE GUSTAVE, PEUPLE.

BURGMANN. Victoire ! victoire aux mineurs !

GUSTAVE-VASA. Oui, mes amis, victoire aux mineurs ! la ville de Verteras est à nous !

BURGMANN. Mais la citadelle tient encore.

GUSTAVE-VASA. Elle sera bientôt en notre pouvoir. Braves mineurs, un dernier effort! à la citadelle! à l'assaut!

TOUS. A l'assaut!

Le combat va recommencer, mais un drapeau blanc est arboré sur les muraille, du fort.

GUSTAVE-VASA. Arrêtez! voyez ce drapeau...l'ennemi demande à capituler.

Un officier sort de la citadelle; Gustave Vasa descend de cheval et il se place au mileu de ses mineurs.

SCÈNE XVII.
Les Mêmes, L'OFFICIER.

L'OFFICIER, *à Gustave.* Monseigneur, je suis député vers vous par le comte Edelberg. Il est prêt à vous rendre la citadelle.

BURGMANN, *à part.* Enfin, il est à moi!

L'OFFICIER, *s'approchant de Gustave de manière à n'être entendu que de lui et de Burgmaun.* Son excellence m'a chargé en outre de vous promettre en son nom l'appui de son épée et les services des troupes qui lui restent, si vous consentez à lui conserver son grade, ses titres et ses honneurs.

GUSTAVE-VASA, *à part.* Le misérable! (*Haut à Burgmann*). Mais cet homme est puissant...plein d'influence...sa défection ne peut manquer d'entraîner celle de plusieurs autres généraux de Christine...

L'OFFICIER. Eh bien! que perdrai-je à son excellence?

GUSTAVE-VASA. Monsieur l'officier, vous répondrez à son excellence...

BURGMANN, *vivement.* Que nous refusons l'appui d'un traître.

GUSTAVE-VASA. Téméraire!

BURGMANN. Téméraire soit! mais tu n'es pas encore assez haut placé pour être parjure.

GUSTAVE-VASA. Comment?

BURGMANN. Ne te souviens-tu déjà plus de nos conventions : à Gustave-Vasa le trône de Suède, à Burgmann la tête du comte Edelberg!

GUSTAVE-VASA. Eh quoi! tu exigerais...

BURGMANN. Le comte Edelberg est à moi, il doit m'être livré. Gustave, je réclame, j'exige l'exécution du pacte que nons avons juré tous les deux dans les mines de Morat sur le cadavre de Paul Hover.

GUSTAVE-VASA. Tu le veux! (*A l'officier.*) Monsieur, retournez auprès du comte Edelberg, dites-lui que Gustave-Vasa ne traitera pas avec lui.

BURGMANN. Dites-lui qu'il se défende bien, car il ne lui sera pas fait de grâce. Dites-lui cela au nom de Burgmann, père de Maria et ami de Paul Hover. Allez!

L'officier rentre dans la citadelle.

SCÈNE XVIII.
GUSTAVE-VASA, BURGMANN, OFFICIERS, MINEURS, FRITZ, HÉLÈNE, MARGUERITE.

BURGMANN. Il ne peut plus m'échapper, l'infâme! dans quelques minutes, il sera là devant moi, me criant grâce et merci! oh! mais, comme lui, je serai sans pitié.

MARGUERITE. Ah! vous voilà, Burgmann...et Maria...votre fille...vous est-elle rendue?..

BURGMANN. Que dites-vous?

MARGUERITE. Ils l'avaient prise en otage.

BURGMANN. Maria en otage!

MARGUERITE. Là dans le donjon!

BURGMANN. Oh! malheureux! malheureux! qu'ai-je fait?.. Gustave, Gustave, fais-lui grâce, mais qu'il me rende ma fille...que dis-je, il est trop tard peut-être. (*On entend une forte explosion et l'on voit le donjon sauter.*) Ah! plus d'espoir! ils ont tué ma fille!

SCÈNE XIV.
Les Mêmes, PÉTERSON, MARIA, *puis* LE GOUVERNEUR, SOLDATS.

PÉTERSON, *tout noirci de poudre, paraissant au milieu des décombres du donjon, portant Maria dans son bras.* Ta fille, Burgmann! la voilà!

BURGMANN. Ma fille!

MARIA, *dans les bras de son père.* Mon père!

Les glacis se couvrent de soldats qui tirent sur les mineurs.

GUSTAVE-VASA. A l'assaut?

PÉTERSON. Oui...du côté du donjon... il y a brèche...grâce aux barils de poudre que j'ai découverts et auxquels j'ai mis le feu pour me frayer un chemin.

Le combat recommence avec opiniatreté de part et d'autre ; le gouverneur et ses officiers se battens comme les soldats. Les mineurs guidés par Gustave et Burgmann, parviennent à monter sur les glacis, ils terrassent et désarment tous les assiégés.

GUSTAVE-VASA. Victoire!...victoire!

BURGMANN, *le pied sur le cœur du gouverneur qu'il a renversé.* Gustave-Vasa, à toi le trône de Suède, à moi la tête du comte Edelberg!

TABLEAU GÉNÉRAL.

Imprimerie ℃ Madame de Lacombe, 1, faubourg Poissonnière.

www.ingramcontent.com/pod-product-compliance
Lightning Source LLC
Chambersburg PA
CBHW070542050426
42451CB00013B/3145